Liebe Leserinnen, liebe Leser!

Schon der Weg vom Flughafen in die City ist eine neue Erfahrung. Wir sind auf dem Sabiha Gökçen International Airport gelandet, etwa 35 Kilometer östlich der Innenstadt, und stehen nun im Endlosstau gen City. Zeki, ein seit Kurzem wieder in Istanbul lebender befreundeter Architekt aus Stuttgart, hat uns abgeholt und verkündet gelassen, zur Rushhour sei das in Istanbul jeden Tag so. Für das Verkehrschaos der Stadt brauche man gute Nerven – und viel Zeit!

Alltägliches Chaos am Bosporus

Einen Tag später merke ich: Viel Verkehr herrscht nicht nur auf Istanbuls Hauptstraßen. In der İstiklal Caddesi, der berühmten Flanier- und Shoppingmeile, fühle ich mich wie auf einer Großdemo. Tag und Nacht schiebt sich ein nicht enden wollender Menschenstrom die Fußgängerzone lang. Unser Titelbild zeigt keinen Ausnahmezustand! Immerhin leben mehr als 14 Millionen Menschen in der Metropole am Bosporus – und es werden jeden Tag mehr. Ohne Frage: Istanbul ist laut, hektisch, schnell. Aber es ist – wie ich nach fünf aufregenden Tagen in der Stadt weiß – auch märchenhaft, spannend, lebendig und einzigartig. Es gibt keine andere Metropole auf der Welt, in der man vormittags grandiose Moscheen oder Paläste wie aus Tausendundeiner Nacht besichtigen, nachmittags auf dem Basar feilschen und Tee trinken kann und sich am Abend in feinen Clubs, schicken Restaurants oder stylischen Discos und Bars vergnügt.

Viel Kultur und Partyszene

Die sicher beste (aber auch sehr teure) Adresse ist das „360 Istanbul", Bar, Restaurant und Club in einem. Der Rundumblick auf Istanbul ist atemberaubend. Mindestens ebenso schön fand ich ein Restaurant, in das uns Zeki am letzten Abend unseres Istanbul-Aufenthaltes einlud. Die Auswahl an Vorspeisen war einfach köstlich, das Kaninchen als Hauptspeise sehr gut, der Wein exzellent; vor allem aber begeisterte mich das Ambiente: die lauschige Terrasse, der einmalige Blick auf Blaue Moschee und Hagia Sophia sowie hinüber zum Marmarameer. Ja, ich verrate Ihnen die Adresse: Teras Restaurant im Hotel Armada, Ahırkapı Sokak 24.

Viel Vergnügen in der boomenden Metropole am Bosporus!
Herzlich

Ihre
Birgit Borowski

Birgit Borowski
Programmleiterin DuMont Bildatlas

„Istanbul ist laut, hektisch, schnell. Aber es ist … auch märchenhaft, spannend, lebendig und einzigartig."

Die Journalistin **Barbara Schaefer** schreibt für überregionale Tageszeitungen und Magazine. Für die Recherche zu diesem Bildatlas hat sie sich mehrere Wochen in Istanbul aufgehalten.

Frank Heuer fotografiert u. a. für die namhafte Bildagentur laif. Für den DuMont Bildatlas war er auch schon in Rom, Paris, Barcelona und New York unterwegs.

52 Shopping alla turca: Kein Istanbulbesuch ohne Stippvisite im Basar!

104 Welch ein Segen für so eine gigantische Metropole. Istanbul hat nah am Wasser gebaut.

Impressionen

8 Istanbul ist eine der aufregendsten Metropolen der Welt – und die einzige, in der man in weniger als einer halben Stunde von Europa nach Asien fahren kann. Willkommen in einer Stadt wie aus Tausendundeiner Nacht, mit grandiosen Zeugen der Vergangenheit und einer quicklebendigen Gegenwart.

94 Istanbuls Küche ist ein Mix aus den verschiedensten Einflüssen. Da gibt es viel zu entdecken.

Im historischen Zentrum

24 **Die Schöne am Bosporus**
Auf der Spitze der Halbinsel zwischen Goldenem Horn, Bosporus und Marmarameer begann die Geschichte der Stadt mit den drei Namen: Byzanz, Kontantinopel, Istanbul.

DUMONT THEMA
36 **Vom Umgang der Menschen miteinander**
Islam und Multikulti: Wie lebt es sich in einer Stadt, in der 98 Prozent der Einwohner auf den Ruf des Muezzins hören und die doch offen ist für die Welt?

38 **Cityplan**
37 **Infos & Empfehlungen**

Südlich des Goldenen Horns

42 **Anatolien ante portas**
Jenseits des historischen Zentrums bleiben die Einheimischen meistens unter sich.

DUMONT THEMA
52 **Handeln und feilschen, diskutieren, sich freuen**
Shopping alla turca: Kein Istanbulbesuch ohne Stippvisite im Basar!

58 **Cityplan**
59 **Infos & Empfehlungen**

Best of ...

UNSERE FAVORITEN

22 **Drinks mit Aussicht**
Istanbuler (Aus-)Blicke: Ob von oben, von Dachterrassen, Teegärten, Uferpromenaden, Balkonen oder von der Fähre aus – Istanbul zeigt sich immer wieder anders, immer wieder neu.

56 **Souvenir, Souvenir**
Ein Souvenir ist nichts, das man braucht – man *will* es einfach haben. Unsere Auswahl der besten Mitbringsel (für sich selbst und für Ihre Liebsten) finden Sie hier.

98 **Streetfood für jede Jahreszeit**
Natürlich kann man in Istanbul wunderbar essen gehen, ganze Straßenzüge bestehen fast nur aus Restaurants. Aber genauso beliebt ist das Essen auf die Hand, *Food to go*, sozusagen.

INHALT
4 – 5

24 An der Spitze der Halbinsel zwischen zwischen Goldenem Horn, Bosporus und Marmarameer warten weltberühmte Sehenswürdigkeiten.

Bosporus und Schwarzes Meer

- 104 **Zwischen den Welten**
  Istanbul hat nah am Wasser gebaut: Welch ein Segen für eine so gigantische Metropole.

- 112 **Straßenkarten**
- 113 **Infos & Empfehlungen**

Anhang

- 116 **Service – Daten und Fakten**
- 121 **Register, Impressum**
- 122 **Lieferbare Ausgaben**

Nördlich des Goldenen Horns

- 62 **Auf der anderen Seite**
  Nördlich des Goldenen Horns schlägt das moderne Herz der Stadt.

- 76 **DUMONT THEMA**
  Aufbruch allerorten
  Auch die moderne Kunst findet in der Stadt am Bosporus immer öfter einen passenden Rahmen.

- 80 **Cityplan**
- 81 **Infos & Empfehlungen**

Das asiatische Istanbul

- 84 **Jenseits des Bosporus**
  Von Europa nach Asien in weniger als einer halben Stunde? In Istanbul ist das kein Problem. Und im Marmarameer locken auch noch die Prinzeninseln.

- 94 **DUMONT THEMA**
  Glocken des Glücks
  Kulinarische Köstlichkeiten unter dem türkischen Halbmond – da kommt viel zusammen.

- 100 **Cityplan, Übersichtskarte**
- 101 **Infos & Empfehlungen**

DuMont Aktiv

Genießen   Erleben   Erfahren

- 41 **Schwitzen wie der Sultan**
  Auch Touristen können das klassische türkische Dampfbad besuchen.

- 61 **Die Landmauer erobern**
  Ein Spaziergang entlang der historischen Wehranlage.

- 83 **Sprachschulen rund um den Taksim-Platz**
  Die beste Art der Völkerverständigung.

- 103 **Prinzenrolle**
  Mit dem Rad unterwegs auf den Prinzeninseln.

- 115 **Wandern auf die Burg …**
  … von Anadolu Kavaği. Mit schönstem Blick auf den Bosporus.

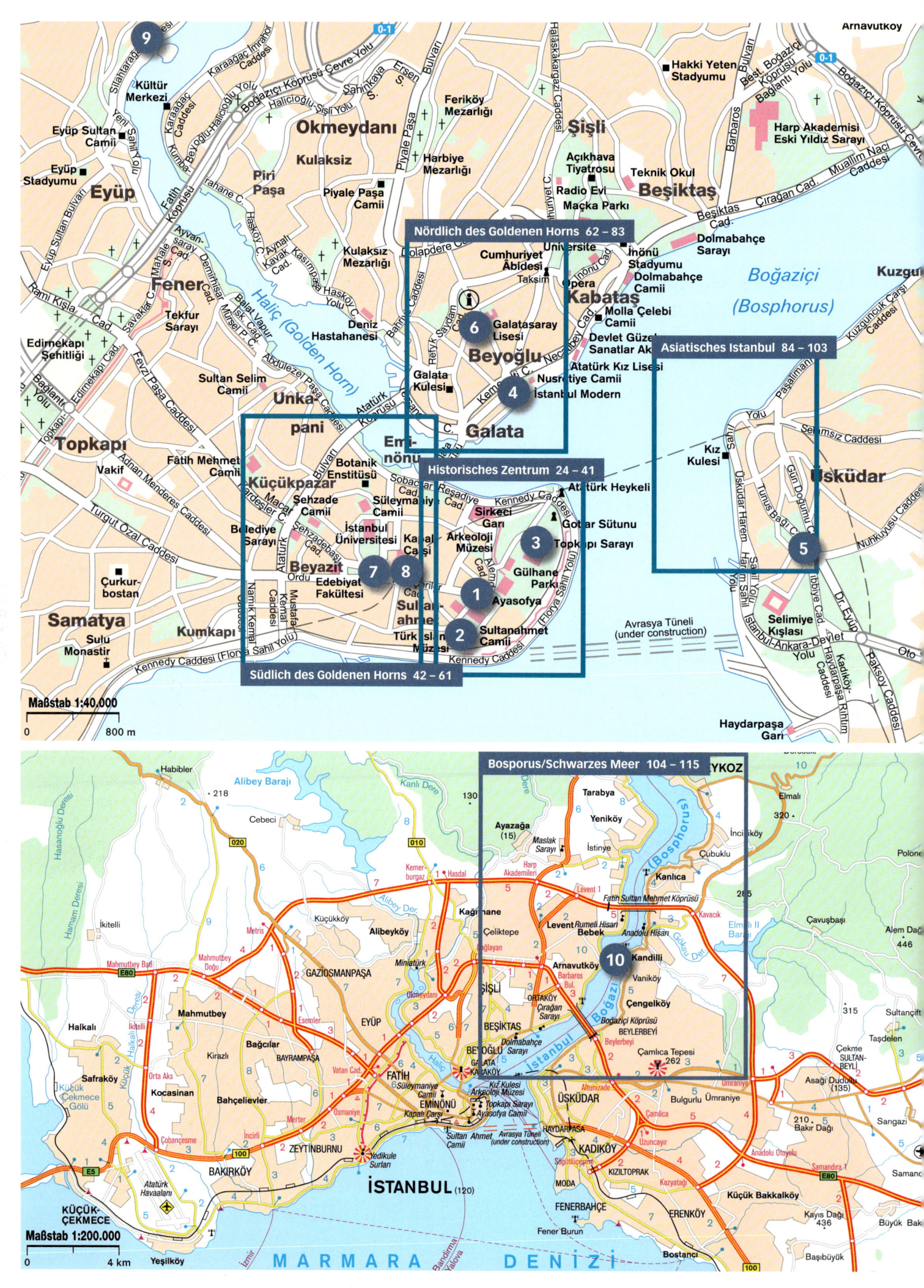

Topziele

Die bedeutendsten Sehenswürdigkeiten in Istanbul und Umgebung sowie Erlebnisse, die Sie auf keinen Fall versäumen sollten, haben wir auf dieser Seite für Sie zusammengestellt. Auf den Infoseiten ist das jeweilige Highlight als **TOPZIEL** *gekennzeichnet.*

KULTUR

1 Hagia Sophia: Die „Kirche der Göttlichen Weisheit" war rund tausend Jahre lang die Hauptkirche des Oströmischen Reiches. **Seite 39**

2 Blaue Moschee: Im Innern eine Sinfonie in Blau, von außen ein überwältigend schöner Bau mit gleich sechs Minaretten. **Seite 39**

3 Topkapı-Palast: Macht und Pracht des Osmanischen Reichs in einem Palast mit grandioser Schatzkammer und eindrucksvollem Harem. **Seite 40**

4 Istanbul Modern: Was für ein Museum! 8000 Quadratmeter in einer umgebauten Lagerhalle am Bosporus – alles für die Kunst. **Seite 82**

5 Şakirin-Moschee: Die erste von einer Frau ausgestaltete Moschee. **Seite 102**

GENIESSEN

7 Pandeli: Das gemütliche Restaurant liegt versteckt über dem Gewürzbasar und verwöhnt den Gaumen mit traditionellen kulinarischen Köstlichkeiten. **Seite 60**

ERLEBEN

8 Großer Basar: Die „Mutter aller Shopping Malls" entstand bereits im Jahr 1461. Auch James Bond war schon hier. Und wann kommen Sie? **Seite 59**

9 Seilbahn Eyüp: Sanft hinaufschweben zum berühmten Piyer Loti, einem schön gelegenen Café mit Teegarten, und den Blick aufs Goldene Horn genießen. **Seite 60**

10 Bosporus: Eine Schifffahrt auf der weltberühmten Wasserstraße ist ein unvergessliches Erlebnis. Mindestens eine Fahrt mit der Fähre inmitten der Pendler zwischen dem europäischen und dem asiatischen Ufer sollte sich niemand entgehen lassen. **Seite 113**

NACHTLEBEN

6 Beyoğlu: „Downtown Istanbul" wird das Viertel rund um den Galataturm auch genannt. Und wie New York ist Istanbul eine „Stadt, die niemals schläft". **Seite 81**

Das urbane Herz des modernen Istanbul

Der Taksim-Platz ist ein viel frequentierter Verkehrsknotenpunkt. Hier endet die rote Trambahn, die sich eben noch durch Istanbuls bekannteste Flanier- und Shoppingmeile, die „Straße der Unabhängigkeit" (İstiklal Caddesi) ihren Weg gebahnt hat, hier liegen die Haltestellen der Vorortbusse, und von hier strahlen einige der Hauptverkehrsadern Istanbuls sternförmig aus. Benannt ist der Platz nach einem historischen Wasserverteiler *(taksim)* an seinem südlichen Ende.

Das blaue Wunder

„Blau, blau, blau sind alle meine Kleider": Das dachte sich wohl Ahmet I. (um 1589–1617) – der erste Sultan des Osmanischen Reiches, der (1603) als Minderjähriger auf den Thron kam –, als er den Auftrag zu der in den Jahren 1609 bis 1616 errichteten Moschee erteilte. Die ist zwar eigentlich nach ihm (Sultan Ahmet Camii) benannt, wird aber wegen der mehr als 21 000 blaugrünen Keramikfliesen aus İznik, mit denen sie verkleidet wurde, auch „Blaue Moschee" genannt.

Der größte orientalische Markt der Welt

Traditionell sind im Großen Basar (Kapalı Çarşı) die jeweiligen Gassen einzelnen Warengruppen vorbehalten. Rund 4400 Geschäfte und fast 2200 Ateliers warten im – allerdings überwiegend von Touristen frequentierten – merkantilen Herzen der Stadt auf Käufer.

Mit allen Sinnen erfassen

Kleine Stärkung gefällig? So ein Stadtbummel macht ganz schön hungrig, erst recht in einer Mega-Metropole wie Istanbul mit mehr als 14 Millionen Einwohnern. Da gibt es jede Menge zu schauen und zu staunen, mit allen Sinnen zu erfassen. Und da kommt so ein Fischstand gerade recht. Danach kann man sich dann ja gleich wieder ins Getümmel stürzen ...

Hinter jedem Sultan ...

... steht eine starke Frau. Das sieht man auch am Beispiel der „Roxelane" genannten Lieblingsfrau des Sultans Süleyman I. Sie nämlich war für den Umzug ihrer Geschlechtsgenossinnen in den Topkapı-Palast verantwortlich, nachdem im Jahr 1541 der erste Palast Mehmets II. Fatih abbrannte. Dort herrschten klare Hierarchien: Je größer und luxuriöser die Räume, desto höher die Stellung der Bewohner. Am höchsten war die Stellung der Mutter des Sultans, die nicht nur im Harem das Sagen hatte, sondern den Herrscher auch in Regierungsfragen beriet.

Architektur in Vollendung

Mit dem Bau der Hagia Sophia gelang den von Kaiser Justinian I. (um 482–565) beauftragten Architekten Anthemios von Tralleis und Isidor von Milet eine fast schon magisch anmutende Verwandlung von Geometrie in Architektur. Mit Quadrat, Kreis, Kubus, Kugel schufen sie einen Zentralbau, der die Formgedanken des römischen Pantheons und der frühchristlichen Basilika in sich vereint und so auch zum Vorbild für viele Moscheen im Osmanischen Reich wurde.

Der Wind und das Meer

Als Kind war die Schauspielerin Emine Sevgi Özdamar überzeugt, das Meer sei eine Frau, weil es den Menschen Fische schenkt. Doch manchmal, wenn der Südwestwind die Schiffe packt, wandle es sich zu einem Mann: „An solchen Tagen sagten die Menschen, das Meer ist ein Sultan, es hört auf niemanden." Da bleibt man also besser in der Stadt. An den anderen Tagen aber, wenn Istanbul unter einer gleißenden Haube aus Schmutz und Staub liegt, sollte man hinausfahren aufs Meer, zu den Prinzeninseln, die so heißen, weil dorthin in byzantinischer Zeit aufmüpfige Herrschersöhne verbannt wurden.

UNSERE FAVORITEN

Istanbuler (Aus-)Blicke

Drinks mit Aussicht

Ob von oben, von Dachterrassen, Teegärten, Uferpromenaden, Balkonen oder von der Fähre aus – Istanbul zeigt sich immer wieder anders, immer wieder neu. Am schönsten sind jene Orte, an denen man den Ausblick mit einem Getränk verbinden und dort noch ein Weilchen verweilen kann.

1 Manzara

Frühstück mit Aussicht – aber sowas von! „Manzara" heißt Aussicht; das deutsch-türkische Architektenpaar Kern-Altindis bietet grandiose Apartments, meist mit eigenem Balkon, mindestens aber mit gemeinsamer Dachterrasse. Immer jedenfalls mit gigantischem Panorama, manchmal direkt vom Bett aus. Das heißt: Vom Frühstückstee bis zum Schlummertrunk am Abend genießt man hier ganz individuell die schönsten Blicke über die Stadt.

Beyoglu.
Rezeption: Tatarbeyi Sokak 26b, Galata-Beyoğlu, Tel. 0090/21 22 52 46 60, www.manzara-apartments.com

2 SuB Hotel Karaköy

Von der Dachterrasse des Design-Hotels SuB, geführt von der Deutsch-Türkin Cigdem Sungur, sieht man das Häusermeer von Karaköy – und die Kreuzfahrtschiffe am Kai. Schön für den Aperitif, bevor man sich ins In-Viertel begibt.

Karaköy, Necatibey Cad. 91, Karaköy, Tel. 0090/212 2 43 00 05 www.subkarakoy.com

3 Hotel Vault Karaköy

Ganz ähnlich ist der Blick vom schicken Hotel Vault Karaköy; die Hotelkette The House Hotel hat mit dieser Herberge in einem historischen Bankgebäude den vierten Ableger in der Stadt eröffnet.

Arap Cami, Bankalar Cd. No:5, Tel. 0090/21 22 44 34 00, www.thehousehotel.com/vault-karakoy-the-house-hotel.4.aspx

4 Grand Hotel de Londres

Die letzten Stufen nach dem Aufzug steigt man im ziemlich abgewohnten Treppenhaus hinauf, bevor sich die zweistöckige Dachterrasse des Grand Hotel de Londres darbietet. Von hier geht der Blick mal nicht zum Bosporus, sondern zum Goldenen Horn. Im Sonnenuntergang leuchtet es wahrlich golden.

Beyoglu, Mesrutiyet Cad. 53, Beyoğlu, Tel. 0090/21 22 45 06 70, www.londrahotel.net

UNSERE FAVORITEN

5 An den Uferterrassen in Üsküdar

Am frühen Abend nach Üsküdar am asiatischen Ufer übersetzen. Dann am Ufer entlang schlendern, bis zum Kiz Kulesi, dem „Mädchenturm", während die Sonne hinter Istanbuls Skyline versinkt. Einen Absacker bei den Kiosken an der Promenade nehmen, also einen Tee oder einen Ayran; Alkohol wird nicht ausgeschenkt. Sich auf den Kelim-Polstern hingießen, durchatmen, bleiben.

Üsküdar. Fähre ab Eminönü oder Kabatas, Fahrplan checken, wann die letzte Fähre zurück fährt

6 Im Gülhane Park

Erschöpft vom Rummel rund um die Hagia Sophia? Dann rein in den Gülhane Park; dort liegt versteckt ein Teegarten an der Landspitze. Allein der Weg dorthin tut gut, unter hohen Bäumen im Schatten wandeln. Schiffe tuten, zum Tee gibt es den Blick nach Asien, zur Bosporusbrücke und bis zu den Prinzeninseln im Marmarameer.

Der Gülhane Park gehörte zum Topkapi-Palast, Sultanahmet, Eingang bei der Tramstation Gülhane, Eintritt frei, tagsüber geöffnet

7 Marmara Pera

Es ist eines der markantesten Gebäude in ganz Beyoğlu: Das kantige, moderne Hochhaus des Marmara Pera. Vielleicht keine Schönheit, aber vom Haus aus nimmt man das ja nicht wahr. Wer an der Rezeption fragt, kann auch als Nichthausgast ohne Weiteres auf die Dachterrasse, hier bietet sich ein gigantischer Weitblick. Beliebt bei den Hippen und Schicken – die treffen sich hier zum Aperitif. Die Damen stehen in aberwitzig hohen Schuhen herum, zum Festhalten einen Partner in der Nähe. Oder einen Tresen. Falls nichts mehr hilft. Es gäbe sogar einen Pool …

Beyoğlu. The Marmara Pera, Meyrutiyet Caddesi, Tel. 0212 334 03 00, http://pera.themarmarahotels.com

8 Auf der Fähre

Bei der Fahrt über den Bosporus ans andere Ufer zeigt sich Istanbul in seiner ganzen Schönheit vom Wasser aus. Auf den Fähren gibt es Kioske, man stellt sich an, sagt „bir cay" und bekommt seinen Tee im Glas. Dann stellt man sich an die Reling, schaut den Möwen zu, füttert ein paar Brösel Simit, sieht die Silhouette der Altstadt näher kommen, nippt am Tee.

Mehr Istanbul-Feeling für so wenig Geld ist kaum zu haben. Fahrpläne und Preise: http://en.sehirhatlari.com.tr

9 Im „Unter"

Wer zum Aperitif lieber die Aussicht auf Szene-Volk genießen möchte, ist in Karaköy genau richtig. Das „Unter" gehört zu den absoluten Hotspots des In-Viertels. Es gibt eine umfangreiche Cocktail-Karte, gerne wird Mojito bestellt oder lokales Bier, man sitzt ganz leger auf Holz-Klappstühlen und freut sich des Lebens, während am Lokal vorbei unter Weinlaub das junge Istanbul flaniert.

Karaköy, Kemankeş Mh., Karaali Kaptan Sk. No: 4, Tel. 0090/21 22 44 51 51, www.unter.com.tr

Die Schöne am Bosporus

Auf der Spitze der Halbinsel zwischen Goldenem Horn, Bosporus und Marmarameer begann die Geschichte der Stadt mit den drei Namen: Byzanz, Konstantinopel, Istanbul. Bei weltberühmten Sehenswürdigkeiten wie der Hagia Sophia und der Blauen Moschee verliert man sich zwischen herrlichen blauen Fliesen in der Vergangenheit – und kommt mit einem Simit, dem fast an jeder Ecke feilgebotenen Sesamkringel, in der Hand zurück in die Gegenwart.

Seinen Namen verdankt der „Kanonentor-Palast" (Topkapı Sarayı) einer früheren Artilleriestellung an der Spitze der Halbinsel.

Als „paradiesisch" preist eine Inschrift am direkt vor dem Eingang zum ersten Hof des Topkapı-Palastes gelegenen Brunnen Sultans Ahmets III. die Trinkwasserqualität der im Jahr 1728 in Auftrag gegebenen Anlage.

Der Staatsrat (Diwan) des Osmanischen Reiches tagte in zwei golden leuchtenden, ineinander übergehenden Räumen im zweiten Hof des Topkapı-Palastes, der im Kern in den Jahren 1460 bis 1478 entstand.

Parade des Palastorchesters im zweiten Hof des Topkapı-Palastes.

Zwei Schöne am Bosporus – genauer: im Gülhane-Park („Rosenhaus-Park"), der den westlichen Teil der Serailspitze einnimmt und zu Füßen des Topkapı-Palastes liegt.

„Welch ein Glück, diese Stadt. Trägt ihre Ränder im Innersten: die Ufer des Bosporus, dessen asiatische und europäische Küste ineinanderpassen wie die gezackten Linien eines gebrochenen Herzens in einem Tattoo."

Kai Strittmatter

Weltberühmte Sehenswürdigkeiten können einschüchternd sein. Hagia Sophia! Blaue Moschee! Wer plötzlich davorsteht, vor diesen „Orten, die man gesehen haben muss", dreht am besten erst einmal bei. Warum nicht mit einer kleineren Moschee beginnen, um so „das Prinzip Moschee" zu verstehen, und erst dann die berühmten Gebäude betreten?

Ein blaues Wunder

An Auswahl fehlt es nicht. Selbst wenn man nur jene Moscheen alle besichtigen wollte, die der geniale Sinan in Istanbul baute, bliebe kaum Zeit für Basare und anderes. Als guter Einstieg bietet sich die Rüstem-Pascha-Moschee an, vielleicht Sinans formvollendetste. Aber die gilt es erst einmal zu finden, denn sie schraubt ihre Minarette nicht im historischen Zentrum in den Himmel. Ihr Eingang liegt – quasi auf einem Podest – mitten im sich westlich daran anschließenden Altstadtgetümmel. Zur Zeit ihrer Entstehung (1561–1563) war das nichts Ungewöhnliches: Eine Moschee bauen zu lassen, kostete viel Geld, und auch ihr Unterhalt verschlang einiges. Da fügte es sich günstig, wenn man für die im Unterbau der Moschee eingerichteten Läden, Werkstätten und Lager Pachtzins verlangen konnte. So weist also in einer Gasse unweit der Galatabrücke, zwischen Marktständen mit Granatapfelkernauslösern und Kochlöffeln, ein Metallschild neben einem Torbogen den Weg. Es geht ein paar Treppen hinauf – und da beginnt das blaue Wunder. Blaue Fliesen, überall. Schon im Vorhof sind die Wände damit überzogen, jahrhundertealte Keramikkunst aus İznik. Die vorherrschende Farbe ist ein sattes Königsblau, geädert mit armenischem Bolusrot. Häufig sind Tulpen zu sehen, eine beliebte Blume an den Sultanshöfen und ein verstecktes Symbol: Die arabischen Schriftzeichen für Tulpe gleichen denen für Allah.

Im Innern der zierlichen Moschee – Schuhe ausziehen, Kopftuch aufsetzen (die Frauen) – stehen wir in einem Meer aus blau gemusterten Fliesen. Jede für sich ist schon eine Pracht – der Gesamteindruck kann süchtig machen. Die schönste Erfahrung aber ist: Eine Moschee zu betreten ist ganz einfach. Besucher dürfen sich willkommen fühlen.

Digitale Hilfe: Muezzin-App

Wieder im Vorhof angelangt, beginnt just der Muezzin mit dem islamischen Gebetsruf, im Arabischen Adhān, auf Türkisch Ezan genannt. Atatürk hatte verordnet, dass in den Moscheen auf Türkisch gebetet wird, aber das wurde

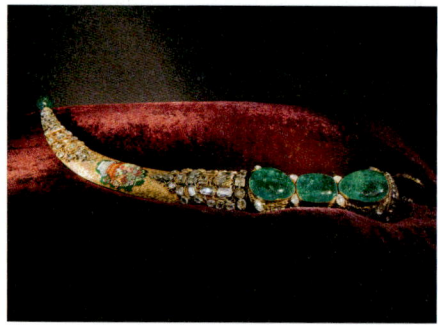

Drei große Smaragde funkeln am Griff des zu den größten Sehenswürdigkeiten der Schatzkammer zählenden Topkapı-Dolches (oben). Der Harem (ganz oben und rechts) im Topkapı-Palast ist ein verschlungenes Labyrinth aus mehr als 300 Räumen.

Der Topkapı-Palast gliedert sich in vier Höfe, die jeweils durch ein eigenes Tor erreicht werden. Von den Terrassen und Gartenanlagen des vierten Hofes hat man einen herrlichen Panoramablick.

im Jahr 1950 rückgängig gemacht. Und so schallt es seither auch in Istanbul wieder fünfmal am Tag über die Mauern und Moscheen: Allāhu akbar, Allah ist groß. Der Zeitpunkt der Gebetsrufe verschiebt sich täglich um Minuten, analog zum Sonnenstand. Damit die Rufe dennoch zeitgleich erschallen, gibt es nun eine digitale Hilfe: die Muezzin-App. Sie zeigt die genaue Zeit fürs Gebet an und weist per GPS stets die richtige Richtung gen Mekka.

Drei Namen, eine Stadt

Wer zwischen der gewaltigen Hagia Sophia und der nicht minder eindrucksvollen Sultan-Ahmet-Moschee steht, der wird dankbar sein, wenn er sich an ein paar Fakten zur Geschichte der Stadt erinnert. Diese begann wohl im 7. Jahrhundert vor Christus, als sich hier Griechen ansiedelten, die ihre Kolonie nach dem legendären Byzas benannten, der ihr Volk an den Bosporus geführt haben soll: Byzanz (griechisch Byzantion). Unter Konstantin dem Großen, der ab dem Jahr 324 die römische Welt regierte und auf der Suche nach einer neuen Residenz im Osten war, wurde der Ort zur „Stadt Konstantins", nämlich zu Konstantinopel. Später bevölkerten orthodoxe Christen die Gassen, in denen weiterhin Griechisch gesprochen wurde. Die Stadt am Bosporus war nun ein Vorposten der christlichen Welt, ein Schutzschild gegen Angriffe aus dem Osten, gegen Perser, Steppenvölker und den Islam. Erst als Konstantinopel im Jahr 1204 geplündert wurde, begann sein Niedergang: Katholische Kreuzfahrer auf dem Weg nach Jerusalem verwüsteten die Stadt. Das erleichterte es fast 250 Jahre später Mehmet II., sich den ehrenvollen Beinamen Fatih („der Eroberer") zu verschaffen: Als er am Abend des 29. Mai 1453 vor der Hagia Sophia stand, soll Mehmet sich zwar zunächst zum Zeichen der Demut eine Handvoll Erde auf den Turban gestreut, dann aber sogleich befohlen haben, „das Innere vom Blut der Erschlagenen zu säubern", so heißt es in einer Formulierung des osmanischen Schriftstellers Evliya Çelebi. Und indem er „die Stirnen der siegreichen Muslime mit dem Duft von Ambra und Löwenaloe erfrischte, ging er zur selben Stunde daran, aus der Kirche eine Moschee zu machen".

Fast 500 Jahre später, 1934, als man sich längst an den Namen Istanbul („in der Stadt") für die legendäre Schöne am Bosporus gewöhnt hatte, beschloss man unter Atatürk, aus dem Gotteshaus ein Museum zu machen – ganz im Sinne seiner Bestrebungen, einen laizistischen Staat zu schaffen.

Gebete als Politikum

Das Innere der Hagia Sophia überwältigt schon allein durch die Größe. Fast tausend Jahre lang, bis zum Neubau der Pe-

Die Stadt war nun ein Vorposten der christlichen Welt, ein Schutzschild gegen Angriffe.

terskirche in Rom, war das am 24. Dezember 563 geweihte Gotteshaus die größte Kirche der Christenheit. Mit 32 Meter Durchmesser und einer Scheitelhöhe von 56 Metern ist die Hauptkuppel

Skulpturensammlung im etwas versteckt zwischen Topkapı-Palast und Gülhane-Park gelegenen Archäologischen Museum.

Nahaufnahme: Bedeutendstes Exponat des Archäologischen Museums ist der im 4. Jahrhundert vor Christus entstandene Alexander-Sarkophag aus Sidon.

Noch unter Sultan Mehmet II. Fatih wurde 1472 der Fayencenpavillon des Museums erbaut.

Sinan (um 1489–1588)

Special

Osmanischer Michelangelo

Er baute Aquädukte, Brücken und Koranschulen, vor allem aber Moscheen: Sinan schuf die weltberühmte Silhouette der Stadt.
Seine Biografie ist in jeder Hinsicht erstaunlich – bis zum Ende, denn er wurde fast hundert Jahre alt. Wenn er sich nicht verrechnet hat. Das aber ist kaum anzunehmen, denn seine grandiosen Bauwerke gelangen ihm fehlerlos. Fast jedenfalls.

Um das Jahr 1489 geboren, brachte ihn die Knabenlese – die Zwangsrekrutierung christlicher Jungen – zu den Janitscharen, der militärischen Elitetruppe des Osmanischen Reiches. Als Militäringenieur kämpfte er 1529 vor Wien, in Aleppo errichtete er 1535 seine erste Moschee, 1538 wurde er zum Hofbaumeister ernannt.

Rund tausend Jahre musste Konstantinopel warten, bis einer kam, der etwas baute, das der Hagia Sophia ebenbürtig werden konnte. Zunächst „übte" Sinan bei kleineren Moscheen wie der Prinzenmoschee (Sehzade Camii), ehe er auf einem der Altstadthü-

Vom Dunkeln ins Licht: Süleymaniye Camii

gel seinen großen Wurf realisierte: die Süleymaniye-Moschee, deren Kuppel eine Scheitelhöhe von 48 Metern erreicht. Sinan selbst bezeichnete in seiner Autobiografie die Moschee als einen dem Paradies gleichen, freudenspendenden Aufenthaltsort. An der Moscheemauer findet sich auch die Türbe (Grabstätte) des Baumeisters.

„Gedichte in Stein" werden Sinans Werke auch genannt. Gelegentlich baute er darin kleine Fehler ein – absichtlich und mit gutem Grund: Nur Allah ist eben perfekt.

besonders beeindruckend. Sie wird in der Hauptachse durch zwei Halbkuppeln mit je drei Nebenkuppeln abgestützt sowie im Norden und Süden durch zweigeschossige Gewölbefolgen ergänzt. Leuchtende Mosaiken bedeckten in der Hagia Sophia einst eine Fläche von rund 16 000 Quadratmetern. Eine steile Rampe führt zur Galerie hinauf, wo sich der Innenraum in seiner ganzen Pracht bewundern lässt.

In der ehemaligen Sultansloge wird übrigens seit einigen Jahren wieder gebetet, doch nicht gemäß den christlichen Ursprüngen des Gotteshauses, sondern nach islamischem Ritus. Ob der damalige Papst Benedikt XVI. im Jahr 2006 bei seinem Besuch der säkularisierten Hagia Sophia ein stilles Gebet gesprochen hat, ist umstritten – offiziell war es eine „Meditation". Anschließend ging Benedikt „nach nebenan": Als zweiter Papst der Kirchengeschichte betrat er eine Moschee (sein Vorgänger Johannes Paul II. hatte bereits 2001 in Damaskus eine Moschee besucht) und verharrte beim Gebet des Großmuftis in der für Muslime üblichen Gebetshaltung. Auch das sollte für einiges Aufsehen sorgen. So kann ein Gebet (oder Nichtgebet) bis heute ein Politikum sein.

Konservative Muslime und nationalistische Politiker fordern neuerdings mit Nachdruck, aus dem Museum müsse wieder eine Moschee werden – allen voran

Die Markthallen des Arasta-Basars ducken sich im Schatten der nahen Sultan-Ahmet-Moschee.

Seit der Säkularisierung der heute als Museum dienenden Hagia Sophia ist die Sultan Ahmet Camii – auch Blaue Moschee genannt – die Hauptmoschee der Stadt.

IM HISTORISCHEN ZENTRUM

Während der Gebetszeiten haben Nichtmuslime keinen Zutritt zum überwältigend schönen, 53 mal 51 Meter großen Innenraum der Sultan-Ahmet-Moschee.

Bei einem Durchmesser von 23,5 Metern erreicht die Hauptkuppel eine Scheitelhöhe von 43 Metern. Ihre Last verteilt sich auf vier Halbkuppeln.

die Anatolische Jugendvereinigung, mit rund einer halben Million Mitgliedern eine der größten Jugendorganisationen der Türkei. Im Sommer 2014 rief sie zum öffentlichen Demonstrationsgebet vor der Hagia Sophia auf, und Tausende folgten der Einladung.

Goldene Minarette

Ein Politikum war seinerzeit auch der Bau der Sultan-Ahmet-Moschee. Größer und schöner als die nahe gelegene Hagia Sophia sollte sie werden und goldene Minarette haben. Die aber hätten das Budget für die in den Jahren 1609 bis 1616 im Auftrag von Ahmet I. – dem ersten Sultan des Osmanischen Reiches, der als Minderjähriger auf den Thron kam – errichteten Moschee gesprengt, weshalb sich Ahmets Baumeister Mehmet Tahir Ağa, ein Sinan-Schüler, „verhört" und statt altın („golden") lieber altı („sechs") verstanden haben soll. Also baute er zwei Minarette mehr als üblich – aus Stein. Das war nun kein Politikum mehr, sondern glatter Frevel. Denn bis dahin war es der Al-Hasam-Moschee in Mekka vorbehalten gewesen, über sechs Minarette zu verfügen. Weshalb der junge Herrscher ein siebtes Minarett für Mekka gestiftet haben soll.

Nach dem Vorbild in Mekka ist auch die Gebetskanzel (Minbar) der Sultan-Ahmet-Moschee aus weißem Marmor. Die Gebetsnische (Mihrab) schmücken zudem kostbare Steine – sogar ein Bruchstück der Kaaba in Mekka soll darin eingelassen sein.

Besuch im Harem

Iznık-Blau begegnet einem auch im Topkapı-Palast, vom 15. bis 19. Jahrhundert offizieller Wohn- und Regierungssitz der osmanischen Sultane. Hier schmücken die Fayencen die innersten Gemächer des Harems, durch den heute ungezählte Reisegruppen der in der Nähe ankernden Kreuzfahrtschiffe und ganze Schulklassen pilgern. Wer sich nicht schon in aller Frühe hierher begibt, der muss in den Räumen orientalische Geduld wal-

Von der Kirche zur Moschee, zum Museum: Die Hagia Sophia wurde 532 bis 537 in einer Bauzeit von nur fünf Jahren und zehn Monaten fertiggestellt und war über 900 Jahre lang die Hauptkirche des Oströmischen Reiches. Danach diente sie rund 500 Jahre lang als Moschee.

Der schwebende Eindruck der Zentralkuppel entsteht durch die geschickte Anordnung der Fenster am unteren Rand der Wölbung. Die acht runden Holzschilde mit den Namen Allahs, des Propheten Mohammed, seiner beiden Enkel und der vier ersten Kalifen wurden erst im 19. Jahrhundert angebracht.

Der Ägyptische Obelisk auf dem Hippodrom stand einst im Tempel von Karnak in Luxor.

Während der Obelisk bereits im 15. Jahrhundert vor Christus entstand, wurde der ebenfalls auf dem Hippodrom stehende Deutsche Brunnen erst 1898 von Kaiser Wilhelm II. gestiftet.

> „Ich lausche Istanbul, meine Augen geschlossen. Zuerst weht ein leichter Wind, leicht bewegen sich die Blätter in den Bäumen. In der Ferne, weit in der Ferne, pausenlos die Glocke der Wasserverkäufer. Ich lausche Istanbul, meine Augen geschlossen."
>
> Orhan Veli Kanık

ten lassen. Da ist ein Trippeln und ein Schieben – und kaum ein Entrinnen, denn gesehen haben will man es ja doch. Etwas ruhiger geht es auf den Gartenterrassen im vierten Hof des Palastes zu, wo man nach der langen Besichtigungstour gern matt auf eine Ottomane im Bagdad-Pavillon sinken würde. Geht aber nicht, die Wächter passen auf. Immerhin öffnet sich nun der Blick auf die Stadt, das Goldene Horn und den Bosporus. Hier standen sie also dereinst, die Herrscher des so gigantisch großen Osmanischen Reiches, und sahen den Schiffen nach, während auch ihre Zeit verging.

Der Himmel über Istanbul

Ausruhen kann man sich im ehemaligen Palastgarten, dem Gülhane-Park, damit man anschließend wieder Kraft und Muße für einen Besuch des Archäologischen Museums hat. Denn die Besichtigung der größtenteils von dem türkischen Archäologen, Maler und Gründer des Museums, Osman Hamdi Bey (1842–1910), zusammengetragenen Sammlung sollte man sich nicht entgehen lassen. Zu den wertvollsten Stücken gehört der Alexander-Sarkophag aus dem vierten vorchristlichen Jahrhundert, den Osman Hamdi aus dem heutigen Libanon heranschleppen ließ. Auch auf das osmanische Blau der Keramikfliesen muss man hier nicht verzichten: Im Fayencenpavillon, einem im Jahr 1472 erbauten, heute zum Archäologischen Museum gehörenden Lustschlösschen, kann man sich daran sattsehen. Noch schöner – und noch blauer – ist nur der Himmel über Istanbul, wenn sich der Besucher, nun gänzlich ermattet, auf einem Stuhl des Teegartens im Skulpturenhof niederlässt.

Brot und Spiele

Am antiken Hippodrom unweit der Hagia Sophia versammeln sich steinerne Zeitzeugen aller Epochen: von dem altägyptischen Obelisken über die antike Schlangensäule bis zu dem Deutschen Brunnen, den einst Kaiser Wilhelm II. hier aufstellen ließ. Wo einst auf elliptischer Bahn Wagen- und Pferderennen stattfanden, trifft sich auch heute viel Volk. Der At Meydanı („Rossplatz") ist der Ort mit der größten Taschendiebdichte Istanbuls; man sollte die Augen offen halten und wissen, worum es hier geht: Brot und Spiele eben, damals wie heutzutage. Deshalb kostet in den hier befindlichen Straßencafés der Tee auch mehr als anderswo, und deshalb versteht der Kellner das Restgeld als Trinkgeld. Nicht ärgern, all das gehört zum Spektakel. Dafür bekommt man die unverzichtbaren Sesamkringel von den fliegenden Händlern zum Einheitspreis ...

DUMONT THEMA

ISLAM UND MULTIKULTI

Vom Umgang der Menschen miteinander

Was haben der Islam und der Vertrag von Lausanne aus dem Jahr 1923 mit der Istanbuler Pogromnacht von 1955 und den heutigen Grundstückspekulationen im Tarlaşi-Viertel zu tun?

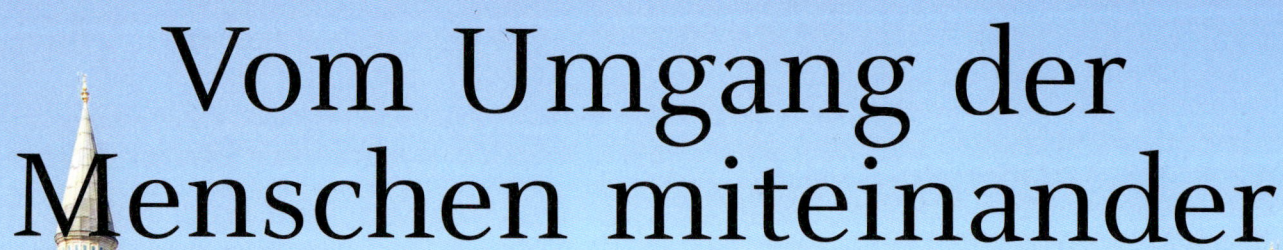

„Wenn die Welt nur aus einem Land bestanden hätte, wäre Istanbul davon die Hauptstadt." Napoleon Bonaparte

Mittagszeit in Istanbul, von gut 3000 Moscheen setzt der Ruf des Muezzins ein. Rund 98 Prozent der Einwohner bekennen sich zum Islam; die meisten sind Sunniten. Trotz der islamischen Dominanz war Istanbul jahrhundertelang eine weltoffene Stadt. Auch sephardische Juden lebten 500 Jahre lang am Bosporus, nachdem sie 1492 von der Iberischen Halbinsel fliehen mussten.

Nach der Abschaffung des osmanischen Sultanats rief Mustafa Kemal Atatürk am 29. Oktober 1923 die laizistische Türkische Republik aus. Als Folge des Vertrags setzte eine Völkerwanderung ein: Über eine Million griechisch-orthodoxer Türken wurden nach Griechenland ausgewiesen, eine halbe Million muslimischer Griechen mussten in die Türkei auswandern. Istanbul erhielt eine Sonderstellung: Die christlichen Griechen konnten bleiben. Das passte nicht allen. In der Nacht vom 6. auf den 7. September 1955 kam es zu einem Pogrom gegen die Istanbuler Griechen. Auslöser war neben der Zypernkrise die Schändung des Geburtshauses von Atatürk im griechischen Thessaloniki – eine Erfindung des türkischen Geheimdienstes.

Hidschab oder offenes Haar

Bis heute sind die Auswirkungen der Pogromnacht in Istanbul zu spüren. Fast alle Griechen haben die Stadt verlassen. In Beyoğlu und Tarlaşi streitet man über die Besitzrechte leer stehender Häuser, in denen einst christliche Familien wohnten. Nun wurden sie zu teuer gehandelten Spekulationsobjekten.

Der Islam ist auf dem Vormarsch" ...

... sagen die Istanbuler – Multikulti aber auch. Kopftuch oder Hidschab, die islamische Ganzkörperbedeckung, sind in der Stadt am Bosporus genauso zu sehen wie die freie Haartracht westlich eingestellter Türkinnen.

Miriam Bektas Cankaya etwa zieht sich nur in der Moschee einen Schleier über den Kopf. Sie ist Theaterwissenschaftlerin und verbrachte den größten Teil ihrer Kindheit in der Schweiz, ehe sie in ihre Heimat zurückkam. „Ich kann nicht aufhören, von der Stadt zu schwärmen", sagt sie mit deutlichem Schweizer Akzent. Hier fühle sie sich sicherer als in Zürich. Zwar sei die Schweiz sauberer, „aber hier ist der Umgang der Menschen miteinander wärmer". Trotz aller konservativen Bestrebungen ist das bis heute so in Istanbul. Welche Veränderungen die türkische Kriegstreiberei vom Sommer 2015 auf das multikulturelle Zusammenleben am Bosporus haben werden, bleibt abzuwarten.

Ob Disco (oben: im „360 Istanbul") oder Moschee (unten links: vor dem Grabmal Abu Ayyub al-Ansaris, eines Gefährten Mohammeds, in der Eyüp-Sultan-Moschee), ob Hidschab (linke Seite: vor der Hagia Sophia) oder modisches Top – alles ist möglich in Istanbul.

Hintergrund

Als Minderheiten leben heute griechisch-orthodoxe und armenische Christen in der Stadt. Istanbul ist Sitz des Ökumenischen Patriarchen von Konstantinopel, des obersten Repräsentanten der orthodoxen Kirchen. Außerdem residieren hier der armenische Patriarch, der Erzbischof der aramäischen Gemeinde sowie ein apostolischer Vikar der Katholiken. Etwa 85 000 Christen leben in Istanbul – 85 Prozent aller in der Türkei lebenden Christen. Auch etwa 22 000 Juden sind hier zu Hause. Für sie gibt es in der Stadt 20 Synagogen.

Wo alles begann

Auf der Landzunge zwischen Goldenem Horn, Bosporus und Marmarameer liegt das historische Zentrum der Stadt. Hier, wo zunächst griechische Siedler eine antike Akropolis gegründet hatten, ließ später Konstantin der Große den Vorläuferbau der Hagia Sophia errichten, die mehr als 900 Jahre lang den geistlichen Mittelpunkt des Oströmischen Reiches markierte. Ab der osmanischen Eroberung im Jahr 1453 wurde die Kirche zur Moschee und der Topkapı-Palast zur Machtzentrale des Osmanischen Reiches.

● Zwischen Hagia Sophia und Blauer Moschee

Mit Rom und Jerusalem gehört Istanbul zu den ältesten kontinuierlich bestehenden Metropolen der Welt. Wie Rom wurde Istanbul, der Legende nach, auf sieben Hügeln erbaut; wie Jerusalem spielt Istanbul in der Geschichte der Weltreligionen eine bedeutende Rolle. Davon zeugt bis heute das Areal zwischen Hagia Sophia und Blauer Moschee.

SEHENSWERT/MUSEEN
Die ❶ **Hagia Sophia** TOPZIEL (Ayasofya Camii Müzesi, www.ayasofyamuzesi.gov.tr; 15. April bis 1. Okt. tgl. 9.00–19.00, Kasse bis 18.00, Okt. bis Mitte April bis 17.00, Kasse bis 16.00 Uhr) ließ Kaiser Justinian 532–537 über den Resten eines Vorläuferbaus aus konstantinischer Zeit errichten. Die „Kirche der heiligen Weisheit" war rund tausend Jahre lang die Hauptkirche des Oströmischen Reiches. Die beeindruckende Kuppel ist gut 55 m hoch und hat einen Durchmesser von 31 m. Einige der Mosaiken sind über tausend Jahre alt. Nach der Eroberung Konstantinopels ließ Sultan Mehmed II. Fatih

Umgeben von üppigen Grün erhebt sich die Hagia Sophia (oben), in deren Innerem Jesus Christus als Pantokrator dargestellt wird (rechts oben). Rechts unten: Jagdszenen und Fabeln aus dem 6. Jh. im Mosaik-Museum.

Tipp

Musik, Musik ...

Wer türkische Musik gern auch nach dem Urlaub hören möchte, kann sich im **CD-Laden Harem** beraten lassen. Keine Angst vor der Sprachbarriere: Der Chef spricht Deutsch. Man kann in alle CDs reinhören: viel Lounge-Music und CDs von angesagten Clubs der Stadt. Der kleine **Arasta-Basar** (Kabasakal Caddesi) unterhalb der Blauen Moschee bietet gehobene Ware zu gehobenen Preisen und ist dafür ruhiger.

INFORMATION
Alemdar Mah., Divanyolu Caddesi 40, Tram-Haltestelle Sultanahmet

Minarette anbauen, die Kirche wurde zur Moschee. Und als Kemal Atatürk die moderne Türkei gründete, machte er 1934 aus dem gewaltigen Bau ein Museum. Das unweit südwestlich sich anschließende ❷ **Hippodrom** war in byzantinischer Zeit das Zentrum der Stadt. Um den länglichen Platz, etwa 430 m lang und 120 m breit, versammeln sich heute berühmte Museen und Moscheen. Den **Deutschen Brunnen** an seinem nördlichen Ende stiftete Kaiser Wilhelm II. 1898. Ungleich bedeutender ist der ursprünglich 32 m hohe **Ägyptische Obelisk**, den Pharao Thutmosis III. im 15. Jh. v. Chr. aufstellen und Kaiser Theodosius I. im Jahr 390 an seinen heutigen Ort bringen ließ. Vier Reliefs am Marmorunterbau zeigen Theodosius mit Familienangehörigen in einer Loge des Hippodroms. Die bronzene **Schlangensäule** stand ursprünglich vor dem Apollotempel in Delphi, ehe sie unter Konstantin nach Konstantinopel kam. Deutlich jüngeren Datums ist der **Gemauerte Obelisk**, der schon vor seinem ägyptischen Pendant auf dem Hippodrom stand und ursprünglich mit goldenen Tafeln verkleidet war. Im ❸ **Museum für Türkische und Islamische Kunst** (Türk ve İslâm Eserleri Müzesi, Tel. 02 12 518 18 05, www.muze.gov.tr/turkishislamic, tgl. 9.00–19.00 Uhr) im Ibrahim-Pascha-Palast ist die Teppichausstellung mit 1700 Teppichen und Kelims aus dem alten Osmanischen Reich sehenswert. Ruhig geht es im hübschen Teegarten im Innenhof zu. Das ❹ **Mosaik-Museum** (Mozaik Müzesi, im Arasta-Basar, Tel. 0212 518 12 05, http://ayasofyamuzesi.gov.tr/tr/content/büyük-saray-mozaikleri-müzesi; Di.–So. 9.00–18.00 Uhr) zeigt u. a. den Mosaikboden des nordöstlichen Teils der Säulenhalle des byzantinischen Kaiserpalastes von 450–550 n. Chr. Mit der ❺ **Blauen Moschee** TOPZIEL (Sultan Ahmet Camii, ab

INFOS & EMPFEHLUNGEN

8.30–18.30, geschl. zu den Gebetszeiten 12.30 bis 14.00 und 16.30–17.45 Uhr) wollte Sultan Ahmed I. im 17. Jh. ein noch gewaltigeres Bauwerk als die Hagia Sophia schaffen. Sie ist die einzige Moschee der Stadt mit sechs Minaretten. Die 43 m hohe Kuppel ist in Blau ausgemalt, Tausende ebenfalls blauer İznik-Fliesen gaben dem Gotteshaus – bis heute Istanbuls Hauptmoschee – seinen Namen.

RESTAURANTS

Im Garten des Hotels € € € **Yesil Ev** (Kabasakal Caddesi 5, Tel. 02 12 517 67 85, www.yesilev.com.tr) zwischen Blauer Moschee und Topkapı-Palast kann man beim Tee die Beine ausstrecken und entspannen.

An einer ruhigen Kopfsteinpflastergasse zwischen dem Topkapı-Palast und der Hagia Sophia liegt € € € **Sarniç Lokantasi** (Soğukçeşme Sk., Tel. 0212 5 12 42 91, www.sarnicrestaurant.com; 19.00–24.00 Uhr), ein in einer rund 1500 Jahre alten Zisterne untergebrachtes Restaurant. Man isst unter Gewölben, nur von Kerzen beleuchtet.

Es gab Zeiten, da parkten vor dem € € **Pudding Shop** (Alemdar Mahallesi, Divanyolu Cad. 6, Tel. 0212 5 22 29 70, www.puddingshop.com; tgl. 7.00 bis 23.00 Uhr) alte VW-Busse mit deutschen Nummernschildern. Das Lokal war Anlaufstelle für Globetrotter, die sich vor der Erfindung des Smartphones hier Informationen für die Weiterreise nach Afghanistan zusammensuchten. Traditionelle türkische Küche.

UNTERKUNFT

Nur fünf Gehminuten von der Blauen Moschee entfernt liegt das originalgetreu restaurierte Holzhaushotel € € **Erten Konak** (Akbiyik Cad./Akbiyik Degirmeni Sk. 8–10, Tel. 0212 4 58 50 00, www.ertenkonak.com). Die Zimmer sind traditionell plüschig eingerichtet, aber sehr gemütlich. Angenehmer Service.

Einfach, aber günstig und genial gelegen für Touren im historischen Zentrum: die € **Sur Pansyion** (Hoca Paşa Mah., Taya Hatun Cad. 19, Tel.

Oben: im Gülhane-Park, der grünen Lunge beim Topkapı-Palast. Rechts: eines der beiden Medusenhäupter in der Yerebatan-Zisterne.

02 12 528 00 19, 8 Zi.) in einer ruhigen Gasse, nur wenige Schritte von der Hagia Sofia entfernt.

● Rund um den Topkapı-Palast

Im Sultanspalast und im Archäologischen Museum könnte man allein locker einen ganzen Tag verbringen – es sind die größten Museen der Stadt. Danach bietet sich ein Spaziergang im Gülhane-Park an.

SEHENSWERT/MUSEEN

Der 1728 errichtete Brunnen Sultan Ahmets III. direkt vor dem ersten Tor zum Topkapı-Palast gehört zu den schönsten Rokokobauten Istanbuls. Der ❻ **Topkapı-Palast** TOPZIEL selbst (Topkapı Sarayı, www.topkapisarayi.gov.tr; Mi. bis Mo. 1. Okt.–15. April 9.00–16.45, 15. April bis 1. Okt. 9.00–18.45 Uhr) war vier Jahrhunderte lang Wohnbereich und Machtsitz der osmanischen Herrscher. Sehenswert sind neben der sich in drei Höfe gruppierenden Gesamtanlage einzelne Kostbarkeiten wie der mit Smaragden bestückte Topkapı-Dolch und der 86-karätige, von 49 Brillanten umrahmte „Löffelmacherdiamant" in der Schatzkammer. Für den Besuch des **Harems**, ein Labyrinth aus 300 Räumen, wird zusätzlich Eintritt verlangt. Die ❼ **Hagia Eirene** (Aya Irini, Tel. 0212 5 22 09 88, geöffnet wie Topkapı) im ersten Hof des Topkapı-Palastes ist einer der ältesten Sakralbauten der Stadt. Seit 1980 finden hier u. a. Konzerte des Istanbuler Musikfestivals statt. Das ❽ **Archäologische Museum** (Arkeoloji Müzesi, www.istanbularkeoloji.gov.tr; Di.–So. 9.00–19.00, Kasse bis 18.00 Uhr) liegt etwas versteckt zwischen dem Topkapı-Palast und dem früheren Palastgarten, dem Gülhane-Park. Es birgt drei hochkarätige Sammlungen: das Museum für Altorientalische Kulturen im 1883 als Kunstakademie errichteten Gebäude links vom Eingang, die Keramiksammlung im 1472 noch unter Sultan Mehmet II. Fatih erbauten Fayencenpavillon sowie das Museum für Klassische Altertümer im dreiflügeligen neoklassizistischen Hauptbau. Das berühmteste Objekt ist der Alexander-Sarkophag aus dem 4. Jh. v. Chr. Entspannend ist nach der Besichtigung ein Spaziergang im öffentlichen **Gülhane-Park**.

Erholung bietet zudem der Skulpturenhof des Archäologischen Museums. Dort sitzt man im Teegarten zwischen Statuen und Sarkophagen, unter schattigen Bäumen und neben Brunnenresten, umgeben von Marmor und Stein, und atmet förmlich Geschichte ein. Letztere begegnet einem im historischen Zentrum ohnehin auf Schritt und Tritt, selbst in der Unterwelt: Die ❾ **Yerebatan-Zisterne** (Yerebatan Sarayı, www.yerebatan.com; tgl. 9.00–18.30 Uhr) ist ein imposanter Wasserspeicher mit rund 80 000 m³ Fassungsvermögen. Im Sommer werden dort stimmungsvolle Konzerte mit klassischer türkischer Musik auf einer Plattform im Wasser veranstaltet. Berühmt sind die „Medusenhäupter" in der Nordwestecke der von bosporusaufwärts gelegenen Quellen gespeisten Zisterne, die ursprünglich wohl ein Heiligtum von Wassernymphen markierten, ehe sie hier als Sockel „wiederverwendet" wurden.

ERLEBEN

In einer 1559 von Sinan (siehe Special S. 31) erbauten religiösen Hochschule, der ❿ **Caferağa Medresesi,** werden Kunsthandwerkskurse veranstaltet. Wer hier nur mal reinschnuppern möchte, der kann im Innenhof bei Sufimusik Tee trinken (Caferiye Sk./Sogukkuyu Çıkmazı, Sultanahmet, Tel. 0212 513 36 01, www.caferagamedresesi.com).

RESTAURANTS

Erlebnisgastronomie auf Türkisch: In den großen Schaufenstern des € € **Safran** (Vezirhan Caddesi 18, Tel. 0212 5 28 29 38; tgl. 10.00–24.00 Uhr) sitzen Frauen, die in traditionellen Kostümen Teig kneten und Gözleme zubereiten, die dünnen, meist würzigen Fladenbrote.

Der € **Teegarten im Gülhane-Park** (Setüstü Cay Bahcesi; tgl. 9.00–22.00 Uhr) ist eine Oase der Ruhe mit grandiosem Blick gen Asien.

Tipp

Sightseeing-Tour

Für einen entspannten Überblick sind **Hop-on-hop-off-Touren** im offenen Doppeldeckerbus praktisch. Man zahlt rund 35 €, um einen Tag lang von Sehenswürdigkeit zu Sehenswürdigkeit zu fahren und immer wieder zusteigen zu können – je nachdem, wie viel Zeit man sich für die Besichtigung der Attraktionen lassen möchte.

INFORMATION

Big Bus Tours Istanbul, Binbirdirek Mah., Dostluk Yurdu Sk, Yeşil Apt. 1, Çemberlitaş, Tel. 0212 283 13 96, http://eng.bigbustours.com/istanbul/home.html

UNTERKUNFT

Das € € € **Ayasofya Konaklari** (Soğukçeşme Sk. 34, Tel. 0212 513 36 60, www.ayasofyakonaklari.com) ist ein hübsch renoviertes Holzhaus aus osmanischer Zeit direkt an den Mauern des Topkapı-Palastes.
Beim € € € **Sude Konak** (Ebu Suud Cad. 24, Tel. 0212 513 21 00, www.sudekonak.com) besticht die Lage nahe am Gülhane-Park. Neubau mit großer Wellnessabteilung.

● Vom Topkapı-Palast zum Goldenen Horn

Verlässt man die Gassen rund um den Topkapı-Palast in Richtung Goldenes Horn, taucht man aus einer grandiosen, aber doch recht stummen Vergangenheit ziemlich unvermittelt in die türkische Gegenwart ein, und die ist laut und hektisch – je näher man der Galatabrücke kommt, umso mehr. Eine nagelneue Metrobrücke überspannt das Goldene Horn, merklich nachgelassen hat der Verkehr dennoch nicht.

SEHENSWERT

Am 12. August 1888 hielt der Orient-Express das erste Mal in Konstantinopel, am ⑪ **Bahnhof Sirkeci** (Sirkeci garı). 2013 wurde hier die unterirdische Station der **Marmaray-Linie** eröffnet. Am Bosporusufer legen die Fähren von Kadıköy auf der asiatischen Seite an; hier starten auch die Ausflugsfahrten auf dem Bosporus. Nahe dem südlichen Kopf der Galatabrücke erhebt sich die ⑫ **Neue Moschee** (Yeni Cami; tgl. 9.00 Uhr bis abends – nicht zu den Gebetzeiten eintreten). Vollendet war der Bau im 17. Jh., aber da die Moschee damals eine Brandruine ersetzte, ist sie bis heute „neu". Von hier ist es nicht weit bis zur ⑬ **Galatabrücke** (Galata Köprüsü), die in ihrer heutigen Form seit 1992 das Goldene Horn überspannt.

ERLEBEN

Viel besucht sind die wirbelnden Tänze der **Derwische** des Mevlana-Ordens in einem Saal im Sirkeci-Bahnhof (www.rumimevlevi.com).

RESTAURANT

Von der Terrasse des € € € **Hamdi** (Tahmis Sk./Kalçın Sk. 11, Tel. 0212 528 03 90, www.hamdi.com.tr; tgl. 11.00–24.00 Uhr) blickt man über das Goldene Horn, auf den Platz vor der Neuen Moschee, zur Galatabrücke … Terrassenplatz reservieren!
Im Belle-Époque-Ambiente speisen, das kann man im € € € **Orient-Express** (Bahnhof Sirkeci, Tel. 0212 5 22 22 80, www.orientexpressrestaurant.net; 11.00–22.00 Uhr) im historischen Bahnhof. Man isst gediegen türkisch.

UNTERKUNFT

Das große € € € **Legacy Ottoman Hotel** (Hamidiye Cad. 64, Eminönü, Tel. 0212 5 27 67 67, www.legacyottomanhotel.com; 200 Zi.) das ab dem Jahr 1911 gleich neben dem Bahnhof Sirkeci entstand, bietet luxuriöse Zimmer und einen Spa-Bereich.

IM HISTORISCHEN ZENTRUM

Genießen   Erleben   Erfahren

DuMont Aktiv

Schwitzen wie der Sultan

Das klassische türkische Dampfbad, Hamam, ist eine Weiterentwicklung des schon von den Byzantinern benutzten griechisch-römischen Bades. Da die wenigsten Häuser private Bäder hatten, körperliche Reinigung im Islam aber eine wichtige Rolle spielt, war der Hamambesuch obligatorisch. Aber auch Touristen können hier wundervoll entspannen.

Der wenige Gehminuten nordwestlich vom Eingang der Yerebatan-Zisterne gelegene ⑭ Cağaloğlu-Hamam wurde 1741 im Auftrag von Sultan Mahmut I. errichtet. Heute ist dieser Hamam ein Touristenziel, doch am Wochenende kommen auch viele Einheimische. Für Männer und Frauen gibt es jeweils einen eigenen Eingangsbereich, in dem die Badegäste Schlappen und ein Handtuch sowie ein Schließfach zugewiesen bekommen. Man zieht sich also aus, wickelt sich das Badetuch um und macht sich ans Schwitzen – nicht in einer heißen Sauna, sondern im sanfteren Dampfbad. Zunächst braust sich der Gast mit viel Wasser ab, schäumt sich mit Olivenölseife ein, legt sich dann aufs große marmorne Mittelpodest und entspannt sich. Wer mag, kann sich zudem ein bisschen schrubben und kneten lassen.

Die Spa-Welle brachte auch den Hamambesuch wieder mehr in Mode. Man feiert dort Bachelorpartys und Junggesellenabschiede. Auch Kate Moss war schon da, im Eingang hängen Fotos von einem Mode-Shooting mit ihr. Oder man trifft sich hier einfach, so wie jene drei Schwestern aus Australien bei unserem Besuch, von denen die eine über „so viel Weiblichkeit" schwärmte und die andere „die Vielfalt des weiblichen Körpers" erkannte. – „Wie Kate Moss sehen wir aber nicht aus", prustete da die dritte los …

Adressen und Zusatzinformationen

Cağaloğlu Hamamı: Tgl. ab 8.00, für Männer bis 22.00, für Frauen nur bis 20.00 Uhr. Einfacher Eintritt umgerechnet ca. 20 €. Yerebatan Caddesi 34, Tel. 0212 2 49 94 56, www.cagaloglu hamami.com.tr

Alternativ bietet sich auch ein Besuch des 1584 errichteten **Çemberlitaş Hamamı** an: Tgl. 6.00–24.00 Uhr. Einfacher Eintritt ca. 20 €. Vezirhan Caddesi 8, Tel. 0212 522 79 74, www.cemberlitashamami.com.tr

Entspannung pur: im Cağaloğlu Hamamı.

SÜDLICH DES GOLDENEN HORNS
42 – 43

Anatolien ante portas

Die meisten der rund acht Millionen Touristen, die jährlich in die Stadt am Bosporus reisen, konzentrieren sich auf die großen Sehenswürdigkeiten im historischen Zentrum. So bleiben die Einheimischen – darunter viele Zuwanderer aus Anatolien – in den sich westlich anschließenden Vierteln weitgehend unter sich. Nur rund um die Süleymaniye-Moschee, die Universität und die Chora-Kirche mischen sich die Kulturen ein wenig. Als Verbindung in die moderne Welt dient die Galatabrücke.

Auf der Galatabrücke tost der Verkehr, im Unterbau speist man in Restaurants.

Weit und licht präsentiert sich das Innere der Süleymaniye-Moschee (oben links/rechts): 138 Fenster erhellen den Gebetsraum mit den bunten İznik-Fayencen. Sinan hielt den Bau für sein „Gesellenstück" – sein Meisterwerk war für ihn die Selimiye-Moschee in Edirne. Aus dem historischen Zentrum führte einst der Divan Yolu, eine Prachtstraße, bis zur Theodosianischen Landmauer. Unten links/rechts sieht man ein Süßwarengeschäft an der Straße und einen Blick auf die Tramway, die heute dort verkehrt. Sieben Hügel werden zwischen der antiken Akropolis und der Landmauer gezählt, auf jedem thront eine Sultansmoschee. Vom dritten Hügel mit der Süleymaniye-Moschee überblickt man das Goldene Horn.

Die Süleymaniye-Moschee gehört noch zum Pflichtprogramm. Die Wärter sind nicht besonders streng. Schuhe ausziehen müssen natürlich alle, aber drinnen flanieren Touristinnen auch ohne Kopfbedeckung über die roten Teppiche. Ein Geistlicher, wohl ein Imam, sitzt auf einem Stuhl – um den alten Mann herum kreist eine Fernsehkamera. Nebenan beten einige Männer in den rituellen Verbeugungen. Auf dem Friedhof spielen Katzen zwischen den weißen Grabsteinen mit arabischer Schrift. Süleyman der Prächtige, Roxelane, seine berühmte Lieblingsgemahlin, und der grandiose Architekt des Osmanischen Reichs, Sinan, liegen hier begraben.

Reise ins Morgenland

Jenseits des Atatürk-Boulevard beginnt der Orient. Das war nicht immer so. Nahe am Goldenen Horn lebten noch lange nach der Eroberung Konstantinopels die meisten Griechen; einige Straßenzüge weiter versammelte sich die jüdische Gemeinde. Heute wohnen hier Istanbuls Neubürger: Hier landet – und strandet oftmals – der unaufhörlich scheinende Zuzug aus Anatolien. Mit der Vertreibung der Minderheiten wurde Wohnraum frei, und wo noch nicht genügend frei war, stampfte man eben neuen aus dem Boden. Dafür gibt es im Türkischen sogar einen eigenen Begriff: *Gecekondu* (sinngemäß: „nachts hingestellt") nennt man jene „informellen", also von keinem Stadtentwickler geplanten Häuser und Viertel mit primitiven, „über Nacht" entstandenen Unterkünften an der Peripherie einer Großstadt.

Was einmal steht, bleibt stehen, und wer in einem solchen Haus oder Viertel wohnt, bleibt darin wohnen. Gewohnheitsrecht sei das, schon seit dem Osmanischen Reich, wird in diesem Zusammenhang gern behauptet, auch wenn das vielleicht nur eine Legende oder zumindest Wunschdenken ist. Anderswo würde man schlicht von Schwarzbauten sprechen. Doch wie immer man sie auch nennt: In Istanbul werden es immer mehr. Wer in einem solchen Haus oder

Der Ägyptische Basar wurde um das Jahr 1660 ursprünglich als Karawanserei errichtet, in deren Schutz Händler nicht nur ihren Geschäften nachgehen, sondern auch ihre Waren lagern und übernachten konnten. Der Name ist darauf zurückzuführen, dass damals die meisten Waren aus Ägypten kamen.

Rund hundert Händler bieten beiderseits der überdeckten Basarstraße dem Auge ein Fest der Farben und Formen, den Ohren ein anscheinend niemals endendes Stimmengewirr – und der Nase alle Düfte des Orients.

Auch Schmuck steht auf dem Basar hoch im Kurs: Heimische Goldschmiede machten ihr Land zum zweitgrößten Exporteur (nach Italien) ihrer Kunst.

> Die oft leicht bekleideten Touristinnen im historischen Zentrum, aber auch die deutlich freizügiger orientierten Türkinnen jenseits des Goldenen Horns in Beyoğlu, müssen auf die Totalverschleierten wie ein Kulturschock wirken – und umgekehrt.

Viertel wohnt, ist in der Regel kein Befürworter der EU, orientiert sich nicht am „Westen", sondern bleibt seinen alten Traditionen verhaftet. Das gilt für Jung und Alt: Mittagszeit, die Schule ist aus, ein modernes Gebäude hinter der Fatih-Moschee entlässt die Schülerinnen in den Nachmittag. Fast ausnahmslos sind sie verschleiert, tragen nicht nur wie selbstverständlich ein Kopftuch, sondern den Çarşaf, die dem iranischen Tschador ähnelnde türkische Form der Totalverschleierung. Die oft leicht bekleideten Touristinnen im historischen Zentrum, aber auch die deutlich freizügiger orientierten Türkinnen jenseits des Goldenen Horns in Beyoğlu, müssen auf die Totalverschleierten wie ein Kulturschock wirken – und umgekehrt.

Der ganz normale Wahnsinn

Die Vorstellung, in Istanbul mit dem Auto fahren zu müssen, dürfte die meisten Besucher der Stadt entsetzen. Für Istanbuler aber ist es Alltag. Der Verkehr umschlingt und verschlingt die Stadt. Die Stadtverwaltung kommt mit ihren Projekten nicht mehr hinterher, auch wegen des ständigen Zuzugs in die begehrte Metropole. Mit rund 14 Millionen Einwohnern zählt die Stadt am Bosporus zu den bevölkerungsreichsten Metropolregionen der Welt. Und der Bosporus ist eines ihrer größten Probleme: Er ist dem Verkehr im Weg. Gerade wurde eine U-Bahn-Brücke gebaut, die auf Höhe der Süleymaniye-Moschee das Goldene Horn auf 55 Meter hohen Pfeilern überspannt. Die UNESCO befürchtete, die Brücke könne Istanbuls Silhouette verschandeln. Aber wer hier täglich unterwegs ist, hat ohnehin keinen Blick dafür, denn die Stadt erstickt im Verkehr. Ihre einzige Rettung scheint die Schiene zu sein.

Ein erstes vollwertiges U-Bahn-System, die Metro Istanbul, wurde im Jahr 2000 eingeweiht und in den letzten Jahren mehrfach erweitert. Das größte Verkehrsprojekt der Gegenwart aber, das Marmaray-Projekt, wurde immer wieder von „archäologischem Zeug" aufgehalten, wie der heutige Staatspräsident Recep Tayyip Erdoğan, der von 1994 bis 1998 selbst Istanbuls Bürgermeister war, die spektakulären Funde am Yenikapı-Bahnhof bezeichnete. Dort beginnt nun der Eisenbahntunnel, der den völligen Verkehrskollaps vermeiden helfen soll. Er führt unter der Hagia Sophia und dem Topkapı-Palast hindurch in den Bosporus und unter Wasser weiter auf die asiatische Seite. Die Yenikapı-Funde sollen künftig in einem Museum gezeigt werden. Den Architektenwettbewerb dazu gewann Peter Eisenmann. Der Erbauer des Berliner Holocaust-Mahnmals entwarf ein

Jahrhundertelang breitete sich die Altstadt immer weiter nach Westen aus. In den neu entstandenen Vierteln siedelten sich zwei größere ethnische Gruppen an: Griechen in Phanar, dem heutigen Stadtviertel Fener, und Juden in Balat. Um die Grenzen der ständig erweiterten Ansiedlung zu befestigen, wurden sukzessive Stadtmauern gebaut. So erklärt sich auch der Name der außerhalb der noch unter Kaiser Konstantin entstandenen Stadtmauern gelegenen Chora-Kirche (alle Abbildungen dieser Seite) mit ihren weltberühmten Mosaiken und Fresken: Zunächst befand sich die Kirche auf dem „freien Land" (griechisch: chora).

Bis ins 20. Jahrhundert war Istanbul zum überwiegenden Teil eine „hölzerne Stadt". Heute wird das traditionelle Istanbuler Holzhaus immer mehr zur Rarität – mancherorts liebevoll restauriert, wie hier in der Kariye Bostani Sokak bei der Chora-Kirche.

Mustafa Kemal Atatürk (1881–1938)

Special

Vater der modernen Türkei

Der Sohn eines Zollbeamten und eines Bauernmädchens aus einer fernen Provinz verwandelte das Osmanenreich in die moderne Türkei. Heute würde sich Atatürk wohl die Augen reiben, wenn er sehen müsste, dass etwa der Schleier wieder auf dem Vormarsch ist und die in der Verfassung verankerte Religionsfreiheit nur noch für sunnitische Muslime zu gelten scheint. Der Vater der modernen Türkei wurde 1881 im heutigen Thessaloniki geboren. Als Offizier kämpfte er 1915 gegen alliierte Truppen. Er wurde zur Symbolfigur des türkischen Nationalbewusstseins, denn eine türkische Nation hatte es in diesem Sinn vorher nicht gegeben; das religiös geprägte Osmanische Reich war ein Vielvölkerstaat.

Noch heute blickt Atatürks schmuckes Konterfei in vielen Restaurants, Shops und Privathäusern von der Wand. Er erfand und prägte den „Kemalismus", was im praktischen Leben

Memorabilien im Atatürk-Museum in Şişli.

bedeutete, dass er das Kalifat abschaffte, religiöse Schulen verbot und die lateinische Schrift einführte. Statt Istanbul machte er Ankara im fernen Anatolien zur Hauptstadt. Istanbul bedeutete ihm zu viel Historie, zu viel Sultan und Serail. 1938 starb Atatürk. An seinem Todestag, dem 10. November, ertönen jedes Jahr um 9.05 Uhr Sirenen im ganzen Land.

umfangreiches Projekt mit Archäologie-Park und -Museum.

Eine Brücke, zwei Welten

Für ein anderes Projekt schickte Leonardo da Vinci Baupläne mit konkreten Vorstellungen: „Ich habe daran gedacht, dass ich einen Bretterverschlag hervorstelle, hernach das Wasser heraushole und sie auf Pfähle setze. So mache ich es, dass ein Schiff mit gespannten Segeln unten durchfahren kann." Auch Michelangelo sollte die geplante Brücke über das – die europäische Hälfte der Stadt teilende – Goldene Horn bauen, traute sich aber nicht ins muslimische Konstantinopel. Erst im Jahr 1845 schwangen sich erste Holzkonstruktionen von Ufer zu Ufer, 1875 errichtete man eine erste Eisenbrücke. Die heutige, Anfang der 1990er-Jahre dem Verkehr übergebene, auf 114 Pfeilern ruhende, 42 Meter breite und 465 Meter lange Stahlkonstruktion ist die erste fest im Untergrund verankerte Brücke. In der Mitte kann sie – wie schon da Vinci es plante – aufgeklappt werden, um Schiffe vom Bosporus ins Goldene Horn fahren zu lassen.

Ein typisches Bild sind die Angler auf der Galatabrücke. Sie angeln für den Eigenbedarf – wer keine Angel hat, kann sich eine leihen. So dicht an dicht stehen sie an dem Brückengeländer, „dass ihre

Nach der Eroberung Konstantinopels (1453) ließ Mehmet II. Fatih dem Mohammed-Gefährten Eyüp ein würdiges Grabmal und eine Moschee errichten.

Bis heute zieht die Eyüp-Sultan-Moschee muslimische Pilger aus aller Welt an.

Stolz im Beschneidungsgewand: vor der Eyüp-Sultan-Moschee.

Straßenszene in Fener, nahe der griechisch-orthodoxen Knabenschule Özel Fener Rum Lisesi.

> „Niemand von Euch hat wahren Glauben, bevor er nicht seinem Bruder oder seiner Schwester das gönnt, was er glaubt, was ihm selbst zusteht."
>
> Mohammed

Schnüre in der Sonne wie die Saiten eines riesigen Instruments" glitzern (Joachim Sartorius). Zwischen den Anglern wuseln fliegende Händler umher und zaubern aus den Tiefen ihrer Taschen hervor, was gerade benötigt wird: Regenschirme oder Sonnenbrillen, warme Socken oder kleine Fächer, einzelne Zigaretten oder Batterien. Hungern muss auch keiner, denn die Simitverkäufer rollen ihre Wagen über die Brücke und an beiden Enden werden Fischbrötchen verkauft, *balik ekmek*. Wer ein Restaurant sucht oder eine Wasserpfeife rauchen möchte, eine *nargile*, geht ins Untergeschoss, wo sich Kellner als Menschenfischer betätigen und versuchen, Kundschaft in ihre Lokale zu locken.

Europa scheint fern

Sowohl die Stadtteile südlich als auch jene nördlich des Goldenen Horns liegen im europäischen Teil der Stadt, und doch könnte man, wie der Schriftsteller Geert Mak, die Galatabrücke als die eigentliche Verbindung zwischen „Orient und Okzident" bezeichnen.

Das historische Zentrum sowie die Stadtteile Fatih und Eyüp südlich des Goldenen Horns sind bis heute stark vom traditionellen, anatolisch anmutenden Alltag geprägt – Europa scheint hier sehr fern. Auf der anderen Seite des Goldenen Horns aber, in Beyoğlu, ist Istanbul eine moderne, westlich anmutende Stadt, eine europäische Metropole. Wir fahren hinüber.

SHOPPING ALLA TURCA

Handeln und feilschen, diskutieren, sich freuen

„Old Bazaar, Shopping Mall since 1461", steht an einer der Eingangspforten zum inneren Bereich des Großen Basars in der Altstadt von Istanbul. Der Basar ist die Mutter aller Shopping Malls und einer der traditionsreichsten der Welt.

Schmuckstand im – zum Komplex der Neuen Moschee (Yeni Camii) – gehörenden Ägyptischen Basar.

Die erste Markthalle, aus der sich der Große Basar entwickelte, ließ Mehmet II. Fatih bereits im Jahr 1461 errichten, um die Stadt mit Leben und Händlern zu füllen. Mit Erfolg: Ein Gesandter der Habsburger berichtete im 16. Jahrhundert, als der Große Basar unter Süleyman dem Prächtigen gerade enorme Erweiterungen erfuhr: „Es hat auch ein fürtrefflich Kaufhaus zu Constantinopel, darin man allerlei köstliche War' findt, die aus fernen Landen dahin gebracht werden."

Das ist bis heute so. Wie aber kommen all die Waren in die engen Gassen des Großen Basars, der nach einem Erdbeben im Jahr 1894 umfassend restauriert wurde?

Babylonisches Sprachengewirr

Früher Vormittag, alle Straßen um den Basar sind verstopft mit kleinen Lastwagen. Auf den Trottoirs drängen sich Männer mit Traggestellen auf dem Rücken: ein gepolstertes Brett, am unteren Ende ein dicker Wulst. Darauf lassen sie sich gigantische Säcke wuchten, die sie gebückt die steilen Gassen hinauftragen. Rund 25 000 Menschen arbeiten in den gut 3500 Läden; Handwerker sind nur noch wenige darunter. Wer danach sucht, kann die letzte Seidenspinnerei in einer der Gassen finden. Rentabel ist das nicht mehr. Auf den Paketen des *hamal*, des Lastenträgers, steht nun oft „Made in PRC" – hergestellt in der Volksrepublik China.

Bis zu einer halben Million Besucher sollen hier täglich unterwegs sein. Eine Engländerin packt einen Schal ein und zählt auf: Rot, gelb, blau, dunkelblau – ob sie vielleicht auch einen violetten kaufen soll? „Please, Madam. Gutten Tack. Hola, Señora. Buon giorno, Signorina. Strastwuitje. Bom dia ..." Es scheint keine Sprache zu geben, die in dem Gassengewirr nicht gesprochen wird – von den Händlern. Sie sehen es den Kunden an den Augen und der Kleidung an, woher sie kommen. Und was sie auszugeben bereit sind.

Wer sich belästigt fühlt, wenn er von Verkäufern angesprochen wird, der sollte nicht in den Basar gehen – hier gehört das einfach dazu. Es mag allzu aufdringliche Anbieter geben,

Oben: Den Eingang zum Großen Basar passieren täglich bis zu eine halbe Million Menschen.

Links: Im Ägyptischen Basar wehen einem alle Düfte des Orients entgegen.

das schon. Aber es gibt auch unfreundliche Besucher. Einen Gruß zu erwidern heißt ja noch nicht, dass man einen Teppich kaufen muss. Oder Bettüberwurfdecken aus Spitzen wie geschlagene Sahne, und Tischtücher, so farbig wie die Bemalungen an der Decke des Basars.

Ohne Fleiß kein Preis

Es riecht nach Mottenkugeln. Junge Männer balancieren Tabletts mit gefüllten Teegläsern in die Verkaufsstände. Wird erst einmal Tee getrunken, sind sich Händler und Käufer schon einen Schritt näher gekommen.

Auf den Paketen des Lastenträgers steht nun oft „Made in PRC" – hergestellt in der Volksrepublik China.

Auch in den Gassen rings um den Großen Basar haben sich viele Händler angesiedelt.

Auch Murat Akca fragt, nachdem er die fünfte Halskette zur Ansicht aus einer Vitrine herausgeholt hat, ob die Besucherin etwas trinken möchte. Der junge, gut Englisch sprechende Mann ist freundlich, sein Laden auf Schmuck und Kunsthandwerk aus Zentralasien spezialisiert – was nicht bedeutet, dass man die Ketten aus Jade oder Armbänder aus schwerem Silber nicht auch woanders bekäme. Zum Beispiel zwei Türen weiter, bei Murats Vater. Der fährt alle paar Monate nach „Afghanistan, Turkmenistan und so weiter" und kauft dort ein. Die Geschäfte gehen jedoch nicht mehr so gut, klagt er. „Die Leute wollen keine angemessenen Preise mehr bezahlen."

Das richtige Augenmaß

Das Klagen gehört zum Geschäft. Natürlich wissen die Händler, dass in jedem Reiseführer steht, im Basar müsse man feilschen. Wen das stört, der sollte vielleicht mal mit der Metro hinaus nach Levent fahren und den Kanyon besuchen, eines der großen Einkaufszentren an der Peripherie der Stadt. Auf vier Etagen findet der Kunde hier nicht nur 160 Shops von A wie Apple bis Z wie Zara, sondern auch Kinos, Fitnesscenter, Restaurants und vieles mehr in einer wahrlich futuristisch anmutenden Umgebung.

Gefeilscht wird hier nicht – anders als im Großen Basar, in dem manche Touristen selbst noch den Preis für ein Glas Tee herunterhandeln möchten. Zu Hause holen sie dann Tüten voller bunter Gewürzpulver aus dem Koffer und Kräuter, deren Heilwirkung sie vergessen haben. Immerhin: Die getrockneten Aprikosen schmecken noch lange gut.

Vom Basar zum Shoppingcenter

Großer Basar (Kapalı Çarşı): Ob es nun 3500 Verkaufsstellen sind oder 4000 – die Angaben schwanken. Wer wollte auch exakt bestimmen, was in den überdachten Gassen zwischen Nurosmaniye-Moschee im Osten und Beyazıt-Moschee im Westen als eigenständiger Laden gilt? Hinzu kommen vier Brunnen, zwei Hamams, diverse Cafés und Restaurants, zwei Moscheen, Toiletten, eine Polizeistation …
Mo.–Sa. 8.30–19.30 Uhr; www.kapalicarsi.org.tr

Ägyptischer Basar (Misir Çarşı): Eine Attraktion wie aus Tausendundeiner Nacht ist der um das Jahr 1660 ursprünglich als Karawanserei erbaute Ägptische Basar, dessen L-förmiger Bau zum Komplex der Neuen Moschee (Yeni Camii) gehört. Heute bieten noch etwa 100 Händler beiderseits der überdeckten Basarstraße ihre Waren an – darunter viele Gewürzhändler, weshalb man auch vom „Gewürzbasar" spricht.
Tgl. 8.00–19.30 Uhr; www.misircarsisi.org

Tipp: Wer sich nicht im Basar treiben lassen möchte, sondern gezielt etwas sucht, der kann sich dafür eine App herunterladen: https://itunes.apple.com/us/app/grand-bazaar/id799342006?mt=8

Kanyon: Die modernste Variante eines Basars – ein auch architektonisch spektakuläres Einkaufszentrum mit futuristischem Turm und offenen Galerien.
Tgl. 10.00–22.00 Uhr; Büyükdere Caddesi 185, Metrostation Levent, www.kanyon.com.tr

Kleine Aufmerksamkeiten wie hier der Tee im Großen Basar erleichtern das Verkaufsgespräch.

UNSERE FAVORITEN

Unsere Lieblings-Mitbringsel

Souvenir, Souvenir

Die beste Beschreibung dafür, was ein Souvenir ist, fanden wir in einem Laden in Karaköy: Nichts davon braucht man, aber wenn man es erst einmal gesehen hat, will man es auch haben. Das gilt für vieles, das man in den Gassen der Stadt und des Basars entdecken kann.

① Designer-Kleider, BNG

Wer nicht mit einem Koffer voller Basar-Klamotten heimkommen möchte, sondern ein oder zwei edle Teile sucht, ist hier richtig. Die türkischen Designer von BNG waren schon bei der Mailänder Modewoche, exklusive Shops gibt es in Italien, den USA und asiatischen Ländern – doch in Deutschland bislang nicht. Im Untergeschoss lockt das Outlet.

Beyoğlu, links hinter der oberen Tünel-Station gelegen, Şah Kulu Mah. İlk Belediye Cad. 2/A, www.bng-design.com

② Pera Soaps

Handgemachte Seifen mit Kakaosplittern und Rosenblättern, Lavendelblüten und Olivenpaste, pastellfarben gestreifte Hamam-Handtücher aus Baumwolle und rubbelige Waschlappen. Die Baumwolle dafür kommt aus der Türkei, verspricht der freundliche Eigentümer. Ähnliche Mitbringsel gibt es in vielen Shops und natürlich im Großen Basar, aber hier wird man freundlich und in Ruhe bedient.

Beyoğlu, Sahkulu Mah. Galip Dede Cad. 4

③ Papier & Co.

Das *House of Papers* Kagithane in der Französischen Passage in Karaköy wirbt – oder warnt, je nach Auffassung – im Schaufenster mit dem oben zitierten Hinweis, nichts davon, was man hier sehe, würde man brauchen, aber alles wolle man sofort haben: Karten, Notizbücher, diversen Krimskrams ... Schick für den Schreibtisch zu Hause ist zum Beispiel ein Wochenplaner. Denn irgendwann wird man ja mal wieder arbeiten müssen ...

Karaköy, Kemankeş Karamustafa Paşa, Französische Passage

④ Mokka alla turca

Die Gasse hinter dem Gewürzbasar duftet nach Kaffee: Bei der Rösterei Kurukahveci stehen Istanbuler Schlange, um frisch gemahlenen Mokka zu kaufen. Die unfassbar zahlreichen jungen Männer in dem kleinen Verkaufsraum füllen den Kaffee nahezu im Akkord ab. Allein das Zusehen lohnt die Zeit in der Warteschlange. Der Kaffee in den hübschen Papiertüten ist perfekt als Mitbringsel und für das eigene Zuhause. Beim Warten hat man Zeit, das Art-déco-Haus von 1934 zu bewundern.

Sultanahmet, Fatih, Cicek Pazari Sk. Ecke Saka Mehmet Sk., www.mehmetefendi.com

⑤ Kelims

Serdar Basat ist in München geboren und aufgewachsen. Das hört man, wenn er die Qualität seiner alten Kelims anpreist, die er mit großer Geste vor dem potenziellen Kunden ausbreitet. Ein aussterbendes Handwerk sei die Kelim-Weberei, weil junge Menschen in die Großstädte ziehen, erzählt er. Der Laden liegt etwas abseits der touristischen Massenwanderung, deshalb hat man mehr Ruhe, um die Teppiche zu betrachten. Und natürlich bekommt man dazu auch ein Glas Tee serviert.

Sultanahmet, Fatih, Bilgin Hali, Klodfarer Cad./ Işık Sok

⑥ Lederwaren

Schöne, handgearbeitete Lederwaren findet man eher als im Großen Basar in den Gassen rund um den Galataturm, etwa in einem namenlosen kleinen Laden direkt oberhalb der geschwungenen Camondo-Treppe im historischen Bank-Viertel: knautschweiche Taschen, Riemchensandalen, Lederschuhe „alla Sultan", Tablet-Hüllen und Smartphone-Täschchen.

Galata (Beyoğlu), Mevlevihanesi Sokak

⑦ Modeschmuck

Wer Teenie-Nichten, Töchter oder andere Mädels bedenken möchte: In der Saka-Mehmet-Straße, die vom Großen Basar herunter führt, gibt es einen Laden neben dem anderen mit „fashion Jewellery". „Bijuterie" steht auf den Schildern, und nichts will hier mehr sein, als es scheint, echtes Silber etwa und edel alt. Stattdessen bekommt man für drei bis fünf Euro Ringe, Ketten, Armbänder; ein hübsches Tütchen gibt es noch dazu, sodass das Ganze direkt was hermacht. Für den Großeinkauf.

Sultanahmet, Fatih, Saka Mehmet Sokak

⑧ Krimskrams

Klares Gentrifikations-Merkmal: Wo Läden mit modernem Tand eröffnen, hat die Hipster-Karawane Einzug gehalten. Besonders hübschen Krimskrams gibt es bei Modaliko in Moda auf der asiatischen Seite. So etwa Stoffbeutel (total angesagt) mit einem Kurzgedicht des Lyrikers Cemal Süreya (*hayat kısa kuşlar uçuyor'* – das Leben ist kurz, die Vögel ziehen). Oder Taschen mit einem verfremdeten Galataturm.

Kadıköy, Moda, Caferağa mh. Moda cd. 43/A, http://modaliko.com

⑨ Haushaltswaren

Granatapfelkernepulen ist eine Kunst. Wer es sich leichter machen möchte, geht in die Kutucular Caddesi, wo auch die Rüstem Pascha Moschee ist. In dieser Straße werden Haushaltsgeräte angeboten, hölzerne Kochlöffel, Seile und Leinen in allen Maßen, Kaffeetassen, Mokka-Kännchen; auch ein Plastikschälchen mit gewölbtem, weichem Deckel. Damit, und mit einem Kochlöffel, lassen sich die Granatapfelkerne leicht herauslösen, ohne dass die Küche aussieht wie nach einem blutigen Schlachtfest.

Sultanahmet, Fatih, Kutucular Caddesi

⑩ Nazar-Amulette

Sie sind allgegenwärtig: blaue, augenförmige Amulette. Sie sollen den bösen Blick abwenden. Es gibt sie als Anhänger für Armbänder, als Schlüsselanhänger, und man kann sie auch am Smartphone baumeln lassen. Kaufen kann man sie fast überall; zusehen, wie sie gemacht werden, bei einem Glasbläser in Anadolu Kavağı. Dieses Dorf bildet den Umkehrpunkt der Bosporus-Fahrten, man hat etwas Zeit und spaziert auf die Burg. Dort sitzt der Glasbläser an einem Stand.

Anadolu Kavagi, Burg

Traditionelles Istanbul

In den Straßenzügen rund um den Großen Basar und bei der Süleymaniye-Moschee begegnen einem immer noch jede Menge Touristen, doch jenseits des Atatürk-Boulevards beginnt das Istanbul der Einheimischen. Geht man immer weiter am Goldenen Horn in nordwestlicher Richtung hinauf, findet man berühmte Relikte aus byzantinischer Zeit wie die Chora-Kirche und die Theodosianische Landmauer.

● Zwischen dem Marmarameer und dem Goldenem Horn

Vom Gassengewirr des Großen Basars aus kann man abends zum Fischessen am Ufer des Marmarameeres gehen – oder auf der anderen Seite in die Restaurants am Goldenen Horn, unter der Galatabrücke.

SEHENSWERT

Das ehemalige Fischerviertel ❶ **Kumkapi** am Marmarameer hat sich zum Ausgehviertel entwickelt, auch weil im östlich benachbarten historischen Zentrum abends wenig los ist. Am Ufer gibt es einen Fischmarkt; in den Straßen, die sich hinter dem Bahnhof Kumkapi den Hügel hinaufziehen, ist die Auswahl an Restaurants schier endlos. Der ❷ **Theodosianische Hafen** in Yenikapı kam bei Ausgrabungsarbei-

In den Straßen zwischen dem Großen Basar (links) und dem Gewürzbasar herrscht immer viel Betrieb (ganz oben). Oben: Teeverkäufer.

ten zum Marmaray-Projekt zutage. Mit diesem Kunstwort aus Marma(rameer) und rail (engl. „Gleis") wird der gigantische Eisenbahntunnel bezeichnet, der unter dem Bosporus die asiatische und die europäische Seite verbindet. Bei den Arbeiten zu diesem Tunnel stießen Forscher auf Schiffswracks, die zum Teil noch aus dem 8. Jh. stammen und alte Amphoren sowie weitere Gegenstände in sich bergen. Keimzelle des überdachten ❸ **Großen Basars** **TOPZIEL** (Kapalı Çarşı; Mo.–Sa. 8.30–19.30 Uhr, www.kapalicarsi.org.tr) war eine bescheidene Markthalle, die 1461 unter Mehmet II. Fatih errichtet und nach und nach durch eine von 15 Kuppeln überwölbte Pfeilerhalle ersetzt wurde. Ringsum gruppierten sich im Lauf der Zeit immer mehr Händler und Handwerker. Als bei Dreharbeiten für den James-Bond-Film „Skyfall" einige Schäden verursacht wurden, nahm man endlich die schon lange geplante Renovierung in Angriff.

Zu den wichtigsten Werken Sinans in der Stadt gehört die auf dem dritten Stadthügel thronende ❺ **Süleymaniye-Moschee** (Süleymaniye Camii; tgl. 9.00–19.00 Uhr, während der Gebetszeiten geschlossen), die im Jahr 1557 nach 7-jähriger Bauzeit eingeweiht wurde. Auftraggeber war Süleyman der Prächtige, in dessen Regierungszeit (1520–1566) das Osmanische Reich fast die Größe von Byzanz unter Kaiser Justinian I. erreichte. Das Grabmal des Sultans findet man wie das seiner Gattin Roxelane im Garten der Moschee. Unmittelbar daneben beginnt der Campus der **Istanbuler Universität** (İstanbul Üniversitesi, www.istanbul.edu.tr/english/), an der heute mehr als 70 000 Studenten und Studentinnen immatrikuliert sowie über 6000 wissenschaftliche Mitarbeiter beschäftigt sind. Zum alten Universitätsgelände gehört ein Park, den man durch das prunkvolle **Serasker-Tor** betritt.

Tipp

Seitenweise

Gleich hinter dem Großen Basar, in Richtung Beyazıt-Universität, findet man im ❹ **Bücherbasar** (Sahaflar Çarşısı) auf alt getrimmte Handschriften und Kalligrafien. Wer sich auskennt, kann vielleicht einige Raritäten entdecken. Studenten kaufen hier Fachbücher im angenehm entspannten Ambiente.

INFOS & EMPFEHLUNGEN

Oben: Fußweg zum Café Piyer Loti. Rechts: Hochzeitspaar vor der Eyüp-Sultan-Moschee.

Schon fast am Ufer des Goldenen Horns liegt der meist als Gewürzbasar bezeichnete, auf L-förmigem Grundriss errichtete ❻ **Ägyptische Basar** (Mısır Çarşısı; tagsüber geöffnet). Sein Name bezieht sich darauf, dass hier ursprünglich vor allem aus Ägypten stammende Waren gehandelt wurden. Auch die ❼ **Rüstem-Pascha-Moschee** (Rüstem Paşa Camii; tgl. 9.00–19.00 Uhr; keine Besichtigung zu den Gebetszeiten) ist ein Werk von Sinan. Zwischen ihr und der weiter östlich gelegenen Neuen Moschee spannt sich die heutige ❽ **Galatabrücke** 42 m breit über das Goldene Horn. Es gibt acht Autospuren, eine Spur für die Tram und zwei Geschosse für Fußgänger. In der Mitte ist die Brücke aufklappbar, damit nachts Schiffe zu den Werften am Goldenen Horn fahren können. Mit dem Bau des imposanten ❾ **Valens-Aquädukts** als Teil eines Versorgungsnetzes, welches das Wasser aus dem bosporusaufwärts gelegenen Belgrader Wald nach Konstantinopel führte, wurde schon im 4. Jh. unter Konstantin dem Großen begonnen. Heute überspannen Reste des Aquädukts den Atatürk-Boulevard (Atatürk Bulvarı).

RESTAURANTS/UNTERKUNFT

Im Großen Basar gibt es viele Cafés, in denen man auch eine Kleinigkeit essen kann; hübsch ist etwa das € **Halitur**. Als Klassiker gilt das €€€ **Pandeli TOPZIEL** (Eminönü, Mısır Çarşısı 1, Tel. 0212 527 39 09, www.pandeli.com.tr, Mo.–Sa. 11.00–19.00 Uhr) über dem Gewürzbasar. Eine blaue Treppe führt in den Fischgenusshimmel, man sitzt inmitten blauer Fliesen und hat den besten Blick auf das Basargetümmel. Man (jedenfalls der Wirt) spricht Deutsch – €€/€€€ **Beyaz Restaurant** (Kumkapı, Kennedy Cad. 28, Tel. 0212 518 36 31, www.beyazrestaurant.com; tgl. 11.00–24.00 Uhr). Gäste werden in die Küche zum kleinen Räucherofen geführt, wo der Wirt Blaufisch aus dem Bosporus präsentiert; im Spätsommer eine Spezialität. Gespeist wird auf einer verglasten Terrasse direkt am Marmarameer. Auch der Besitzer des €€ **Tiryakii** (Kumkapı, Kadırga Limanı Cad./Ustad Sk. 3–7, Tel. 0212 4 58 22 00, www.tiryakii.com; tgl. 11.00–24.00 Uhr) spricht Deutsch – der redegewandte Barbaros Bilen ist in Düsseldorf aufgewachsen. Schönes Ambiente mit alten Ziegelmauern und einfachen Holztischen. Jeden Abend spielt die Hausband aus drei Musikstudenten. Gleich nebenan vermietet Bilen großzügige Apartments. In €€ **The Pashas House** (Tel. 0532 624 73 00, www.pashashouse.com) wohnt man in einer ruhigen Schuhmachergasse im quirligen Kumkapi-Viertel. In der **Itfaiye Caddesi**, einer Parallelstraße zum viel befahrenen Atatürk-Boulevard, findet man noch weitere Cafés und Restaurants.

EINKAUFEN

Die ganze Gasse duftet nach Kaffee: Bei **Kurukahveci Mehmet Effendi** (Cicek Pazari Sk./ Saka Mehmet Sk., südöstl. der Yeni-Moschee, www.mehmetefendi.com; siehe S. 56) stehen Istanbuler Schlange, um frisch gemahlenen „Mokka alla Turca" zu kaufen. Beim Warten hat man Zeit, das Art-déco-Haus zu bewundern.

● Vom Atatürk-Boulevard bis zur Theodosianischen Landmauer

Fatih und Fener gelten als die konservativsten Altstadtbezirke Istanbuls. Besucher tun gut daran, nicht allzu freizügig gekleidet zu flanieren.

SEHENSWERT

Die ❿ **Zeyrek-Moschee** (Molla Zeyrek Camii; tgl. 9.00 Uhr bis Sonnenuntergang, keine Besichtigung während der Gebetszeiten) umfasst drei ehemals miteinander verbundene orthodoxe Kirchen, die das im 12. Jh. errichtete Pantokrator-Kloster bildeten. Nach der Hagia Sophia ist dies das größte erhaltene architektonische Ensemble aus byzantinischer Zeit. Auf dem vierten Stadthügel, wo einst schon die Apostelkirche des Kaisers Justinian stand, die Grabstätte der byzantinischen Kaiser, ließ Sultan Mehmet II. Fatih eine im Jahr 1470 geweihte Moschee errichten. Nachdem diese im Jahr 1766 einem schweren Erdbeben zum Opfer fiel, wurde die heutige ⑪ **Eroberer-Moschee** (Fatih Camii; Öffnungszeiten wie Zeyrek-Moschee) im türkischen Barockstil neu aufgebaut. Hinter der Moschee steht das viel besuchte Grabmal von Mehmet II. Fatih, eine zweigeschossige Barocktürbe. Nun wieder am Ufer des Goldenen Horns steht die ⑫ **Patriarchalkirche St. Georg** des ökumenischen Patriarchen von Konstantinopel (www.ec-patr.org), geistiges Oberhaupt der nach der endgültigen Teilung des Römischen Reiches im Jahr 395 von Rom getrennten Ostkirche, der heute schätzungsweise 300 Mio. orthodoxe Christen in aller Welt angehören. Die ⑬ **Pammakaristos-Klosterkirche** (Fethiye Müzesi; Di.–So. 9.00–18.00 Uhr) blieb bis gut hundert Jahre nach der Eroberung der Stadt christlich. Erst im 16. Jh. wurde sie in eine Moschee umgewandelt; das Minarett entstand im 19. Jh. In der Hauptkuppel ist das Medaillon des von zwölf Propheten umgebenen Pantokrators sehenswert. Zu den bedeutendsten byzantinischen Relikten der Stadt gehört die bereits unweit der Theodosianischen Landmauer liegende ⑭ **Chora-Kirche** (Kariye Camii Müzesi, www.choramuseum.com; Do.–Di. 9.00–18.00, im Winter nur bis 16.30 Uhr), die im frühen 16. Jh. zur Moschee und 1948 in ein Museum umgewandelt wurde. Weltberühmt sind die von unbekannten Meistern geschaffenen Mosaiken und Fresken

> ### Tipp
> #### Seilbahn Eyüp
>
> Zum berühmten **Café Pierre Loti** kann man zwar, muss aber man nicht zu Fuß hinaufsteigen – es gibt eine **Seilbahn TOPZIEL**, allerdings nur für eine kurze Strecke. Die blauen Gondeln, die aussehen, als kämen sie aus einem Skigebiet, schweben über den riesigen Friedhof von Eyüp, der sich am Hang entlang ausbreitet. Die weißen Grabstelen leuchten schon von Weitem wie ein Kalksteinbruch. Oben an der Plattform muss man dann fast Schlange stehen – alle wollen sich hier fotografieren lassen. Da reiht man sich doch gerne ein …

INFORMATION
Seilbahn tgl. 8.00–23.00 Uhr

im Kircheninnern, etwa eine von Engeln umgebene Maria mit dem Kinde in der Grabkapelle.

MUSEEN

Im **Aynalıkavak-Palast** (Aynalıkavak Kasrı, Aynali Kavak Caddesi, Hasköy, Eyüp, Tel. 0212 227 34 41; Okt.–Feb. Fr.–So., Di., Mi. 8.30 bis 16.00, sonst bis 17.00 Uhr), einem direkt am Goldenen Horn liegenden ehemaligen Sultanspalast, sind heute türkische Musikinstrumente zu sehen.

RESTAURANTS

In der € **Bäckerei Modern** (Haliç Cad./Şair Nabi Sk. 47, bergab auf der rechten Seite), auf halbem Weg zwischen Eroberer-Moschee und dem Patriarchat, kann man sich mit Proviant eindecken. Das € **Vodina Café** (Fener, Vodina Caddesi 41, www.soroptimistturkiye.org; tagsüber geöffnet) in der Nähe des Patriarchats ist Ausstellungsraum, Kochschule und Gartenlokal in einem. Im Café haben bisher wenig qualifizierte Frauen die Möglichkeit, einen Berufsabschluss als Köchin oder Bäckerin zu erwerben. Die Initiative zu dem Café kam von Soroptimist International, einer weltweit bestehenden Organisation berufstätiger Frauen. Im Rahmi M. Koç Müzesi speist man direkt am Wasser mediterran im €€€ **Halat-Restaurant** (www.rmk-museum.org.tr) Das Café € **Pierre Loti** (Eyüp, Gümüşsuyu Cad./Balmuncu Sk. 5, Tel. 0212 581 26 96; tgl. 8.00–24.00 Uhr) liegt am nordwestlichen Ende des Goldenen Horns und ist mit seinem herrlichen Rundumblick ein echtes Highlight (siehe Tipp linke Seite).

UNTERKUNFT

Die historisierende Fassade des €€€ **Barceló Eresin Topkapı** (Fatih, Millet Caddesi 186, Tel. 0212 631 12 12, www.barcelo.com) birgt einen großzügig gestalteten Neubau mit großer Wellnessanlage.
Das €€ **Turquhouse Hotel** (Pierre Loti Tepesi Turistik Tesisleri, Eyüp, İdris Köşkü Caddesi, Tel. 0212 497 13 13, www.pierrelotitepesi.com) liegt ruhig hinter dem Café Pierre Loti – eine grüne Oase, wenn man es abgeschieden mag.

● Jenseits der Theodosianischen Landmauer

Jenseits der ursprünglich rund 20 km langen antiken Landmauer findet man in dem nach einem Bannerträger Mohammeds benannten Stadtteil Eyüp eines der wichtigsten islamischen Heiligtümer Istanbuls.

SEHENSWERT

Nach Mekka, Medina und Jerusalem ist die ⑮ **Eyüp-Sultan-Moschee** (Eyüp Sultan Camii, İslambey; tgl. 9.00–18.00 Uhr) der wichtigste Wallfahrtsort türkischer Muslime. Ziel der Pilger ist vor allem das in den Vorhof der ab dem Jahr 1458 errichteten Moschee integrierte Grabmal von Abu Ayyub (türkisch Eyüp) al-Ansari, einem Gefährten des Propheten.

Genießen   Erleben   Erfahren

An der Landmauer

DuMont Aktiv

Ein Spaziergang an der Theodosianischen Mauer entlang zeigt eindrucksvoll, wie sich man sich einst in Konstantinopel verteidigte. Wer trittsicher ist, kann auch auf die Mauer klettern. Der Anblick muss gewaltig gewesen sein: Mit ihren 11 Toren, dem 20 m breiten Graben und den 192 rund 20 m hohen Türmen galt die fast 7 km lange Doppelmauer aus roten Ziegeln und behauenen Kalksteinblöcken zwischen Marmarameer und Goldenem Horn als unüberwindlich. Tatsächlich trotzte das unter Kaiser Theodosius II. (401–450) errichtete und nach ihm benannte Bollwerk des christlichen Abendlands über tausend Jahre lang allen Angriffen, bis Mehmet II. Fatih im Jahr 1453 die Eroberung Konstantinopels gelang.

Unsere Erkundung beginnt am Goldenen Horn, nahe der Autobahnbrücke. Von dort geht es mal innen, mal außen an der Mauer entlang. Bald erreichen wir die Ruine des Tekfur Saray, des „Palast des Kaisers". Übrigens ließ Mehmet II. Fatih die Befestigungsanlage gleich nach der Eroberung wieder instandsetzen – er wusste schon, warum.

Einen tollen Ausblick hat man, wenn man auf die Mauer klettert. Dazu gibt es einige sehr steile, ungesicherte (!) Treppen, etwa an der Ecke Kariye Bostani Sokak/Hoca Cakir Sokak. Weiter geht es dann außen an der Mauer entlang – leider mit Verkehrslärm –, bis zum Turgut Özal Bulvari. Hier endet unser Spaziergang beim Panorama-Museum auf dem Gelände eines ehemaligen Busbahnhofs im heutigen Topkapı Kültür Parkı.

Auf einen Blick
Tekfur-Palast
Edirnekapi Fatih, Şişhane Caddesi

Panorama-Museum
Acht Künstler schufen das 2350 m² große Rundbild mit 38 m Durchmesser, das – je nach Sichtweise – den Fall oder die Eroberung Konstantinopels zeigt, begleitet von 3-D-Animationen und akustischen Einspielungen (tgl. 8.00 bis 18.00 Uhr): Haşim Vatandaş, Ramazan Erkut, Yaşar Zeynalov, Oksana Legka, Ahmet Kaya, Hasan H. Dinçer, Atilla Tunca, Murat Efe. *Panorama 1453 Tarih Müzesi, Topkapı Kültür Parkı, Merkez Efendi Mah., Tel. 0212 4 15 14 53, www.panoramikmuze.com*

Auf der anderen Seite

Im alten Pera (griechisch: „drüben"), dem bereits unter Kaiser Theodosius II. der Stadt angegliederten Gebiet nördlich des Goldenen Horns, ließen sich einst genuesische Kaufleute nieder; in der Belle Époque baute man hier Paläste für Reisende. Im heutigen Beyoğlu trifft sich die neue urbane Bohème, und wenn das US-Magazin „Newsweek" Istanbul zu „einer der coolsten Städte der Welt" kürte, dann meinte es vor allem Beyoğlu – und vielleicht noch die sich nordöstlich anschließenden Stadtteile Şişli und Beşiktaş mit ihren himmelhoch aufstrebenden Finanzdistrikten.

Beyoğlus boomendes Hafenviertel heißt Karaköy („schwarzes Dorf"), nach den vom Rauch alter Dampfer geschwärzten Häuserfassaden.

Der Galataturm ist als einziger von 24 Wachtürmen erhalten geblieben, die von den Genuesern einst zum Schutz ihrer Handelsniederlassung am Goldenen Horn errichtet wurden.

Was der Topkapı-Palast für die Altstadt, sollte der Dolmabahçe-Palast für die Neustadt werden: ein architektonisch überbordendes Gleichnis für die Macht und Pracht des sich zunehmend …

Mit dem Kreuzfahrtschiff auf Besichtigungstour: Die 350 Mio. US-Dollar teure „Brilliance of the Seas" der Royal Caribbean International ist fast 300 Meter lang und über 30 Meter breit.

... westlich orientierenden Osmanischen Reiches. Als Standort wählte man die „aufgeschütteten Gärten" (Dolma bahçe) einer früheren Sommerresidenz am Bosporusufer.

Wohin nur mit den Leuten? Bald schon sollte der Orient-Express von Paris bis an den Bosporus fahren, doch wo konnten die Reisenden hier schlafen? Gegen Ende des 19. Jahrhunderts gab es in Istanbul für denjenigen, der nicht beim Sultan selbst im Palast wohnte, nicht viel mehr als einige traditionelle Karawansereien, bei denen im Untergeschoss noch Tiere untergebracht waren, und ein paar Absteigen. Also mussten nun nördlich des Goldenen Horns Bautrupps anrücken. Ohnehin war die Gegend rund um den Galataturm seit 1870 verwüstet – ein Großbrand hatte die meisten der traditionellen Holzhäuser vernichtet. Jetzt aber entstanden Gründerzeitbauten, darunter viele Hotels. Gerade noch rechtzeitig: Am 12. August 1888 rauschte der Orient-Express erstmals in Istanbul ein, exakt 67 Stunden und 40 Minuten hatte er benötigt, berichten die Chronisten.

Hitchcock und Mata Hari

Das berühmteste Hotel dieser Epoche ist das 1898 eröffnete Pera Palace. Bis ins 20. Jahrhundert nannte man den heutigen Stadtteil Beyoğlu noch Pera (griech. „drüben"), weil er von der historischen Altstadt aus gesehen auf der anderen Seite des Goldenen Horns liegt. Erbaut wurde das Pera Palace von der Eisenbahngesellschaft des Orient-Express, entworfen hat es der in Istanbul geborene, in Frankreich lebende Architekt Alexander Vallaury (1850–1921). Neben den Sultanspalästen war es das erste Haus der Stadt mit Strom und fließend Warmwasser – ein Luxus, den Monarchen und Staatsoberhäupter, Diven und Dramatiker nicht missen wollten. Sarah Bernhardt, Zsa Zsa Gabor, Mata Hari oder Greta Garbo gehörten zur illustren Gesellschaft, die im Pera Palace logierte, Hitchcock und Hemingway – Agatha Christie soll in Zimmer 411 Teile ihres berühmten „Mord im Orient-Express" geschrieben haben.

Nachdem sich die Besitzer wohl eine Zeit lang zu sehr auf den Mythos des Hauses verlassen hatten, musste es 2008

Unterwegs in der İstiklal Caddesi, der immer viel frequentierten „Straße der Unabhängigkeit".

Kleine Wegzehrung gefällig? In Istanbul schätzt man geröstete Kastanien das ganze Jahr über.

Bimmelnd bahnt sich die nostalgische Straßenbahn ihren Weg durch die ansonsten als Fußgängerzone ausgewiesene İstiklal Caddesi. Von der Bergstation Tünel bringt die stets überfüllte Tram ihre Passagiere bis zum Taksim-Platz.

Ein beliebter Treffpunkt am Taksim-Platz ist das von dem italienischen Künstler Pietro Canonica geschaffene, am 8. August 1928 enthüllte „Denkmal der Republik".

> Es riecht nach Coffee to go, Turkish Delight und Sesamkringeln. Ein Romamädchen verkauft Kugelschreiber, eine alte Frau sitzt mit einer Personenwaage am Rand und wartet auf Kundschaft.

geschlossen werden. Zwei Jahre und eine aufwendige Renovierung später folgte die Wiedereröffnung. Nun ist die Luxusherberge ein „Museumshotel" – also Hotel und Museum in einem.

Straße der Unabhängigkeit

Klingeling – das Gebimmel der alten Straßenbahn teilt die Menschenmenge wie Moses das Wasser. Seit den 1980er-Jahren fahren die historischen roten Wagen wieder in der İstiklal Caddesi, der „Straße der Unabhängigkeit", und läuteten die Wiedergeburt der „Grande Rue de Pera" ein, wie die Straße vorher hieß. Heute ist sie Fußgängerzone und die beliebteste Flanier- und Shoppingmeile der Stadt, genau das Richtige für einen ersten Tag in Istanbul, um sich im Getümmel treiben zu lassen. In den Läden versammeln sich die internationalen Modemarken. Einheimische schlendern durch eine Gegenwart, die gänzlich unberührt scheint von der Historie der Stadt. Händchenhaltende Studenten mischen sich mit Kopftuchträgerinnen, blonden skandinavischen Touristinnen und anatolischen Maroniverkäufern. Es riecht nach Coffee to go, Turkish Delight und Sesamkringeln. Ein Romamädchen verkauft Kugelschreiber, eine alte Frau sitzt mit einer Personenwaage am Rand und wartet auf Kundschaft: Das sind die Ich-AGs der İstiklal Caddesi.

Aufstand im Gezi-Park

Im Mai 2013 änderte sich das Leben auf der „Straße der Unabhängigkeit". Am Anfang ging es nur um ein paar Bäume, aber bald schon um alles: um Politik, die Zukunft, Solidarität und Demokratie. Die „Occupy-Gezi"-Bewegung brach los. Die Demonstrationen der Parkschützer fanden starken Zulauf, nach der versuchten Niederschlagung durch die Polizei weiteten sie sich Ende Mai zu einer landesweiten Protestwelle gegen die Politik der türkischen Regierung aus. Der Gezi-Park wurde zum Symbol des zivilgesellschaftlichen Widerstands gegen das Regierungssystem, gegen überzogene Polizeigewalt und bauliche Großprojekte.

Wie kann es sein, dass ein paar Bäume so wichtig werden? Dafür gibt es mehr als 14 Millionen Gründe – so viele Menschen leben vermutlich am Bosporus. Sie alle lechzen nach frischer Luft, nach Grün und etwas Erholung in dieser anstrengenden, übervollen Stadt. Der Gezi-Park, in dem der Kampf um Bäume und Demokratie entbrannte, gehört nicht zu den Zielen der Istanbul-Besucher. Hinter dem überaus verkehrsreichen Taksim-Platz gelegen, ist er ein Park der Anwohner – und deshalb umso wichtiger. Zum ersten Jahrestag des Aufstands, im Mai 2014, kam es erneut zu Unruhen, die gnadenlos mit Tränengas und Wasserwerfern niedergeknüppelt wurden. 2015 war

Dicht gedrängt sitzen die Menschen in den Gassen unweit vom Taksim-Platz, wo viele Bars auch Tische und Stühle nach draußen verlagert haben.

Nachts verwandelt sich das 360 Istanbul, ein Lounge-Restaurant mit Panoramablick …

… in einen Nachtclub.

Orhan Pamuk

Schicksalsfragen

Special

Orhan Pamuk, der erste türkische Literaturnobelpreisträger, bekannte in einem Interview: „Istanbuls Schicksal ist mein Schicksal. Ich fühle mich dieser Stadt verbunden, weil sie mich zu dem gemacht hat, der ich bin."
Seine Werke wurden in 35 Sprachen übersetzt und in mehr als 100 Ländern veröffentlicht. Doch in seinem Heimatland bekam Pamuk Morddrohungen, weil er auch über den Genozid an den Kurden spricht, Menschenrechtsverletzungen anklagt, Einschränkungen der Redefreiheit als solche benennt und den EU-Beitritt der Türkei als Chance erkennt. Orhan Pamuk liebt seine Heimat, seine Stadt – aber er ist ein kritischer Liebhaber.

In seinem Buch „Istanbul. Erinnerungen an eine Stadt" schildert Pamuk passend zu den Schwarz-Weiß-Fotos von Ara Güler, *dem* Nachkriegsfotografen Istanbuls schlechthin, Istanbul als eine Stadt des Hüzün – der Melancholie. Deren Ursache sieht er in der

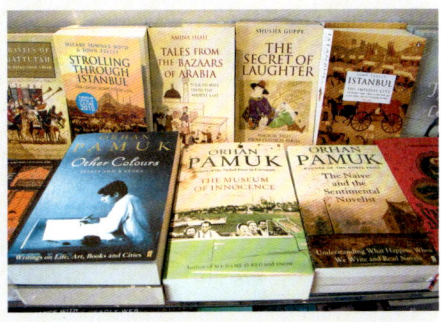

Schaufenster einer Istanbuler Buchhandlung

ständigen Identitätssuche zwischen Orient und Okzident. Die ganze Stadt, so Pamuk, erinnere die Menschen schmerzlich daran, dass sie „Überbleibsel eines großen Reiches sind".

Ebenfalls eng mit der Stadt verwoben ist sein Roman „Museum der Unschuld", dem der Literaturnobelpreisträger ein reales, von einem Lübecker Architekturbüro gestaltetes, im Jahr 2012 eröffnetes Museum im Stadtteil Cukurcuma gewidmet hat.

vielleicht auch der „Geist von Gezi" mitverantwortlich dafür, dass Erdogans AKP bei den Parlamentswahlen nach 13 Jahren ihre absolute Mehrheit verlor.

Parallelwelten

Ein paar Straßen weiter zeigt sich ein ganz anderes Bild. „Die Erde und die Steine Istanbuls sind aus Gold", lautet ein Versprechen, dem Menschen in der ganzen Türkei vertrauen. Sie verlassen ihre Dörfer im Osten des Landes und kommen zum Beispiel hierher nach Tarlabaşı, einem Gecekondu-Viertel in Beyoğlu. Außer den Migrationswellen aus Armenien und den Kurdengebieten kommen auch Menschen aus afrikanischen Ländern, aus dem Irak oder Afghanistan, Zeitarbeiter aus Bulgarien und Rumänien. Zu ihnen gesellen sich Transvestiten und Transsexuelle, die in der Türkei nirgends anders als in Istanbul leben können. Doch der Traum, sich hier eine sichere Existenz aufzubauen, erfüllt sich für wenige.

Im September 2011 hatten die Einwohner von Tarlabaşı endlich genug. Immer wieder war ein Haus voller Sperrmüll abgebildet, wenn über ihr Viertel berichtet wurde. Nun räumten Nachbarn den Müll weg, setzten Blumen auf dem handtuchschmalen Streifen vor dem Haus, strichen den unteren Teil der Fassade blau an und wollten mit all dem zei-

„Überall wird viel getrunken, gesungen, gespielt und getanzt", schrieb Pierre Loti, der außerdem zu berichten wusste, dass es hier „sehr heiter, aber auch sehr lärmend zugeht".

Nightlife in den Gassen rund um die Bergstation Tünel auf dem Galatahügel.

Wer es laut und lebendig mag, der hat auch an der Nevizade Sokak, einer parallel zur İstiklal Caddesi verlaufenden Restaurantgasse, seine Freude. Vor allem abends ist es ein eindrückliches Erlebnis, dem bunten Treiben zuzusehen.

Verschiedene Welten: Blick über die Galatabrücke hinweg auf Istanbuls Altstadt, in der es nachts ungleich ruhiger zugeht als in den Vierteln nördlich des Goldenen Horns.

gen: Wir können auch anders. Auch wir, die Ausgestoßenen von Tarlabaşı. Bald darauf hieß es, Tarlabaşı würde sich zum kommenden Kiez entwickeln. Hier sollte man sich schnell ein Haus kaufen, damit wäre man ein gemachter Mann …

Unten am Ufer im „Unter"

Zuvor hieß es lange: „Karaköy wird das neue In-Viertel!" Und inzwischen ist es auch wirklich so weit. In den wenigen Straßen zwischen dem Kai für Kreuzfahrtschiffe, den Ausstellungshallen von „Istanbul Modern" und der Trambahnlinie T1 haben sich Galerien etabliert, es gibt Szenekneipen und die ersten Läden mit Krimskrams. Noch haftet den Straßenzügen etwas Rohes an, erinnern an den Meatpacking-District in Manhattan in den 1990er-Jahren; aber immer mehr schicke Menschen schieben sich durch die Gassen. Über eine davon wächst Weinlaub. Vor Kneipen wie dem „Unter" bilden sich lange Warteschlangen. In der ebenfalls schon gut eingeführten Karaköy Lokantasi bekommt man ohne Reservierung keinen Platz mehr. Dafür isst man dann umgeben von türkisfarbenen Fliesen. Die Passagiere der Kreuzfahrtschiffe verirren sich kaum in diese Gassen, auch die Touristen aus Beyoğlu entdecken Karaköy erst. So sieht man hier zumeist junge Istanbuler, denen es rund um den Galaturm viel zu voll ist.

Draußen und mittendrin

Die irrwitzig steilen Gassen von Beyoğlu kommt kein Fahrrad hinauf, Autos quälen sich – Istanbul ist noch immer vor allem eine Stadt für Fußgänger. Und die Orientierung in diesem Viertel? Geschenkt. Immerhin ragt der Galaturm aus seiner Umgebung auf wie ein gemauerter Fahnenmast. Um ihn herum trifft sich das internationale Publikum mit jenen Istanbulern, die nicht den Untergang des Morgenlandes befürchten, weil es hier Sushi statt Simit zu essen gibt; die mit Leichtigkeit Tradition und Moderne verbinden, türkische Arabeskmusik genauso gern hören wie zum Loungesound abgemischte Töne.

Hinter dem französischen Gymnasium bietet jeder garagengroße Laden Souvenirs, bunte Kleider und Ketten, Ledertaschen und Silberschmuck an – jenen Krimskrams also, der in allen angesagten Vierteln von Rom bis Berlin verkauft wird: der Nippes des 21. Jahrhunderts. Traditionelle Cafés muss man dagegen suchen. Das Alte wird erst wieder etwas wert, wenn es einen neuen Namen bekommt – „Vintage" zum Beispiel. Nur eine Gasse weiter spürt man dann doch noch etwas vom alten Istanbul. Ein kleiner Lastwagen hält an, eine Frau lässt aus dem dritten Stock vom Balkon einen Korb herunter. Der Händler nimmt sich das Geld heraus, legt Weintrauben hinein, dann wird der Korb wieder nach oben gezogen, an der Fassade eines Jugendstilgebäudes entlang, das die unbarmherzig vergehende Zeit schwarz gefärbt hat. Nebenan im Tiefparterre sägen und schrauben Handwerker wie im späten Mittelalter. Ein Drechsler bearbeitet ein Tischbein, goldene Bilderrahmen werden ausgebessert, Ledergürtel geprägt und Neonreklameschilder entworfen.

Altes ist erst etwas wert, wenn es einen neuen Namen hat.

Der Minister und die Eskorte

Ob es stimmt, dass Anwohner sich beschweren, oder ob die Regierung Erdoğan ihren Bürgern tatsächlich verbieten wollte, auf offener Straße Alkohol zu trinken, ist strittig. Tatsache ist: Die Tische mussten weg. Eine Zeit lang standen in Beyoğlus einst so lebhaften Seitengassen keine Tische und Stühle mehr

Shopping im Szene- und Einkaufsviertel Nişantaşı: Die Türkei gehört zu den zehn größten Textilproduzenten der Welt. Dank geringer Lohnkosten lassen hier auch große Modefirmen schon seit den 1980er-Jahren ihre Kollektionen fertigen. Zudem verfügt das Land über eine junge, aufregend vielfältige Modeszene, deren bekannteste Protagonisten auch international Beachtung finden. Dazu zählen etwa Dilek Hanif, deren handgenähte Kreationen schon mal umgerechnet 15 000 Euro kosten können, oder Hakaan Yıldırım, der sein Label erst vor einigen Jahren gründete und dessen erste Pariser Schau gleich durch die Präsenz der damaligen Chefin der „Vogue", Carine Roitfeld, geadelt wurde. Seitdem ist er auch in New York und London mit seinen Shows vertreten.

draußen. Auslöser des entsprechenden Erlasses soll eine Episode gewesen sein, bei der der damalige Premierminister höchstselbst mit seiner Eskorte zwischen den vielen Tischen und Menschen stecken blieb, als er just vor Beginn des Ramadan ein Kloster besuchen wollte. Daraufhin rückten Beamte des Ordnungsdienstes an und warfen das Mobiliar wie altes Gerümpel auf Lastwagen. Die Szene schimpfte, der Umsatz in den Lokalen soll um bis zu achtzig Prozent eingebrochen sein. Was aber nicht heißt, dass in den Seitengassen von Beyoğlu nachts nun gar nichts mehr los wäre, denn nach und nach kamen die Tische zurück.

Am Wasser gebaut
Istanbul ist von Wasser umspült. Glück hat, wer in einer Wohnung mit Blick auf den Bosporus wohnt. Hier genießt man die Aussicht, hört das auch nachts nicht abreißende Brummen und Tuten des Schiffsverkehrs, ahnt etwas vom Hüzün, den Pamuk beschwört – der Istanbuler Melancholie gerade an solchen Tagen, an denen der Bosporus grünlich schimmert, der Himmel bedeckt ist, Wolken ziehen und die Moscheen nur noch ein schwaches Weiß umhüllt: ein Bild wie ein handkolorierter Stich. Ein Blick für einen Sultan, dachte sich wohl auch Abdülmecit I., als er das historische Zentrum und den Topkapı-Palast verließ, um sich in einer neuen Residenz am Bosporus niederzulassen. Innen ist alles neo im Dolmabahçe-Palast: Neobarock, Neorokoko, Neohistorismus. Denn genau um jene Zeit, als im 19. Jahrhundert europäische Maler „den Orient" entdeckten, Türken, Mohren und fantasievolle Haremsszenen zeigten, kam der „echte Orient" vor Ort ziemlich aus der Mode. Istanbul orientierte sich am Westen, baute europäisch, karrte heran, was gut und teuer war. Tonnenschwere Kronleuchter etwa und Treppengeländer aus Glas: Versailles trifft auf Serail. Unverbaubar schön bleibt nur der Blick auf den Bosporus. Und vom Wasser aus zeigt sich der Palast ohnehin von seiner besten Seite.

Istanbul boomt – als europäische Kulturhauptstadt ebenso wie als höchst vitales, sich über zwei Kontinente erstreckendes Handels- und Finanzzentrum. Kein Wunder, dass vielerorts modernste Neubauten an den Wolken kratzen (rechts ein Blick von der Aussichtsterrasse des 261 Meter hohen Sapphire Tower auf den Istanbuler Finanzdistrikt Levent) und „urbane Oasen" entstehen wie der mit einem internationalen Architekturpreis ausgezeichnete Kanyon-Komplex (oben, ebenfalls in Levent), ein 37 500 Quadratmeter großes Einkaufszentrum samt 26-stöckigem Büroturm und 179 Wohneinheiten.

Istanbuls moderne Stadtlandschaften gleichen einer architektonischen Spielwiese.

DUMONT THEMA

KUNSTSZENE ISTANBUL

Aufbruch allerorten

In einer Lagerhalle am Hafen, einem ehemaligen Elektrizitätswerk, in Kellern und den Foyers namhafter Geldinstitute – auch die moderne Kunst findet in der Stadt am Bosporus einen passenden Rahmen.

Im Istanbul Modern finden fliegende Flügel und poppige Pop-Art interessierte Betrachter.

Achttausend Quadratmeter für die Kunst. In einer Lagerhalle inmitten des Containerhafens von Karaköy entstand das erste türkische Museum für zeitgenössische Kunst: das Istanbul Modern. Die Exponate aus der ständigen Sammlung des Museums werden jährlich thematisch neu gestaltet, im Tiefgeschoss sind zusätzlich Wechselausstellungen zu sehen, daneben gibt es eine Abteilung für Fotografie und ein Programmkino mit abwechslungsreichen zeitgenössischen Off-Kino-Produktionen.

Allah ist der beste Künstler

Sinem Altuner, eine Istanbulerin, führt kleine Reisegruppen zu Galerien und Museen. Ihren Zuhörern erklärt sie, wie das angebliche Bilderverbot im Islam bis heute nachwirkt: „Allah ist der beste Künstler, warum sollte man ihn nachahmen?" Aus diesem Grund gab es so lange keine figürlichen Darstellungen. Erste Abbildungen – sie zeigt auf einige Exponate – entstanden im 19. Jahrhundert. Ausländische Künstler kamen ins Land und malten die Türkei." Noch zu ihrer Schulzeit, erläutert Sinem weiter, „war Kunstmaler kein Berufsbild. Wenn Kinder schon auf eine weiterführende Schule gingen, sollten sie Arzt werden oder Rechtsanwalt."

Ob es im Islam tatsächlich ein Bilderverbot gibt, ist durchaus umstritten. Nach Ansicht des Tübinger Orientalisten Rudi Paret wurde dieses erst in späterer Zeit in der – die Aussprüche und Traditionen des Propheten wiedergebenden – Hadith-Literatur und im Fiqh, der gelehrten Diskussion über das sakrale Recht des Islams, diskutiert. Dem Koran selbst ist allenfalls eine gewissen Zurückhaltung zu entnehmen, die auch anderen monotheistischen Religionen nicht fremd ist, wenn es um die Allmacht (und Alleinstellung) des Göttlichen geht.

Unabhängig von solchen Fragen boomt aber inzwischen die Kunstszene der Stadt. Auf das Istanbul Modern folgten weitere privat finanzierte Museen, so das Pera-Museum in einem Jugendstilgebäude in Pera, gestiftet von der Industriellenfamilie Koç. Schwerpunkt der ständigen Sammlung im ehemaligen Hotel Bristol, in der westlich parallel zur İstiklal Caddesi verlaufenden Meşrutiyet Caddesi, sind mehr als 300 Gemälde türkischer und europäischer Maler – darunter der 3,5 Millionen Dollar teure „Schildkrötenerzieher" des türkischen Malers, Archäologen und Museumsgründers Osman Hamdi Bey (1842–1910). Hinzu kommen noch verschiedene Wechselausstellungen mit Werken moderner Künstler.

Kunst im Geisterhaus

Auch außerhalb des Zentrums boomt die moderne Kunst, so im „Geisterhaus" nahe der ersten Bosporusbrücke.

NÖRDLICH DES GOLDENEN HORNS
76 – 77

Während der Biennale 2013 hatte die Kunstmesse ArtInternational Premiere. Zu den Ausstellern im Haliç Congress Center (Haliç Kongre Merkezi) gehörte die Istanbuler Galeri Zilberman.

Ob im Museum Istanbul Modern (ganz oben) oder in einer der Galerien beim Taksim Platz (oben: Kerimcan Guleryuz in seiner Galerie The Empire Place): Istanbuls Kunstszene boomt.

Mit dem Bau war im Jahr 1910 begonnen worden, dann stand das Gebäude fast ein Jahrhundert lang leer und wurde so zum unheimlichen *perili köşk*. Ende des 20. Jahrhunderts mietete die Borusan Holding das Terrassenhaus für die Verwaltung ihres Unternehmens an – und brachte Kunst mit. Der türkische Architekt Hakan Kıran gestaltete die Renovierung.

"Borusan Contemporary" heißt Ahmet Kocabıyıks Sammlung zeitgenössischer Kunst, die im gesamten Haus verteilt ist. Kocabıyık begann vor rund 25 Jahren mit türkischer Kunst, mittlerweile sammelt er weltweit. Einer seiner Schwerpunkte sind multimediale Werke. Zweimal jährlich wechselt die Präsentation seiner Sammlung, dreimal im Jahr finden Wechselausstellungen statt. Allein schon das zehnstöckige Gebäude lohnt den Besuch – der Blick von der Dachterrasse reicht bis zum Schwarzen Meer.

Biennale Istanbul

Das größte Event der hiesigen Kulturszene aber ist die 1987 ins Leben gerufene Kunstbiennale. "Contemporary Art in Traditional Spaces" – vom alten Zolllager über die Zisterne bis zur Hagia Sophia – lautete damals das Premierenmotto, dem man lange treu blieb: Mehr als zwei Jahrzehnte lang war die Biennale ein mobiles Ereignis, eine Abfolge von Erlebnistouren durch die Stadt. Erst das Kuratorenteam Jens Hoffmann und Adriano Pedrosa, das 2011 die zwölfte Biennale Istanbul organisierte, machte Schluss mit dem pittoresken Wanderzirkus. "Bespielt" wurden ausschließlich zwei ehemalige Lagerhallen am Hafen, im Zentrum stand ausschließlich das Werk des 1996 verstorbenen kubanischen Künstlers Félix González-Torres. Die 13. Biennale Istanbul kuratierte Fulya Erdemci, die 2011 auch den Türkei-Beitrag der Biennale-Venedig gestaltet hatte und sich nun, 2013, unter dem (den Titel eines Buches der Dichterin Lale Müldür aufgreifenden) Motto "Mom, Am I Barbarian?" u. a. mit dem Potenzial der Kunst als Ort für die Schwachen und Ausgeschlossenen beschäftigte. Die künstlerische Leitung der 14. Istanbul Biennale lag in den Händen der US-Amerikanerin Carolyn Christov-Bakargiev. Die Kunsthistorikerin und Kuratorin mit bulgarischen und italienischen Wurzeln war zuvor 2012 die künstlerische Leiterin der Documenta13 in Kassel gewesen und stellte die 2015 am Bosporus gezeigte Biennale unter das Thema "Saltwater – a Theory of Thought Forms".

Auf einen Blick

Istanbul Modern: Di.–So. 10.00–18.00, Do. bis 20.00 Uhr; www.istanbulmodern.org
Pera Müzesi: Di.–Do., Sa. 10.00–19.00, Fr. 18.00–22.00, So. 12.00–18.00 Uhr; www.peramuzesi.org.tr
Borusan Contemporary: Sa./So. 10.00–20.00 Uhr, Führungen auch auf Englisch (ca. 1 Std.); www.borusancontemporary.com
Sinem Altuner führt die Kunst-Tour beim Studienreise-Anbieter Studiosus-Reisen ("Istanbul – die Metropole am Bosporus erleben"); www.studiosus.com
Kunst-Biennale: http://bienal.iksv.org/en
Stadtplan mit einem **Verzeichnis der Galerien** und aktuellen Ausstellungen: http://istanbulartlist.net

Einen neuen Blick in die postmoderne Kunstszene Istanbul bietet auch das im Frühjahr 2011 eröffnete, vom Bankhaus Garanti getragene Kulturprojekt SALT in der İstiklal Caddesi.

Das hippe Istanbul

Auf der anderen Seite des Goldenen Horns liegt das eher an westlichen Werten orientierte Istanbul. Moderne Warentempel finden sich hier ebenso wie kleine Boutiquen in schicken Einkaufsstraßen. Den Musen wird in Museen und Galerien gefrönt. Eine stetig wachsende Restaurantszene bietet Kulinarisches.

● Beyoğlu

TOPZIEL Rund um den Galataturm gefällt es der neuen Istanbuler Bohème. Kleine Gassen mit hippen Läden ziehen auch viele Touristen an. Schon zu Zeiten des Orient-Express boomte das Viertel, Jugendstilbauten zeugen noch bis heute davon.

SEHENSWERT

Zwischen steil aufragenden Häusern versteckt sich die geschwungene ❶ **Camondo-Treppe** (Bankalar Caddesi), ein Art-déco-Juwel, das ein jüdischer Bankier gegen Ende des 19. Jh. stiftete. Der ❷ **Tünel** verbindet das Ufer des Goldenen Horns mit dem Galatahügel; die unterirdische Standseilbahn wurde 1875 eröffnet und gilt als eine der ältesten Europas. Der nachts beleuchtete ❸ **Galataturm** (Galata kulesi, Büyük Hendek Cad. 7–9, Tel. 0212 2 93 81 80; tgl. 9.00 bis 20.30 Uhr) ist das Wahrzeichen des Stadtteils. Der Wachturm wurde 1348/1349 von den damals hier siedelnden Genuesern gebaut. Die

Oben: Konzert im – nach einer Komposition von Miles Davis benannten – Jazzclub Nardis am Galataturm. Rechts: Ein hilfreicher Orientierungspunkt nördlich des Goldenen Horns ist der Galataturm.

Gassen rund um den Turm zählen zu den lebhaftesten der ganzen Stadt. Das ehemalige ❹ **Mevlevi-Kloster** ist heute ein Museum der Derwischkultur (Galata Mevlevi Tekkesi, Tünel, Galip Dede Caddesi 15, Tel. 0212 2 45 41 41, www.galatamevlevihanesimuzesi.gov.tr; tgl. 9.00–19.00 Uhr; Infos zu Auftritten der tanzenden Derwische unter www.rumimevlevi.com). „Pera" nannte man seit dem 17. Jh die Viertel auf dem Hügel von Galata. Ab etwa 1870 wurden viele Jugendstilensembles, auch Hotels, gebaut. Im ❺ **Pera Palace** (siehe Unterkunft) können auch Nichthotelgäste die Andenken an **Atatürk** im Zimmer 101 besichtigen, wenn sie beim Concierge fragen.

AUSGEHEN

Der **Nardis-Jazzclub** (www.nardisjazz.com; So. geschl.) in der Nähe des Galataturms ist die angesagteste Jazzlocation in Istanbul. Im Juli wird hier das Istanbuler Jazzfestival veranstaltet. Im **Babylon** (Sehbender Sk. 3, Tel. 021 2 33 42 01 00, www.babylon.com.tr) finden Pop- und Jazzkonzerte statt. Tickets werden in einem Kiosk direkt gegenüber verkauft.

Für viele Veranstaltungen bekommt man auch **online Tickets** unter www.biletix.com.

RESTAURANTS

Im € € € **Karaköy Lokantasi** (Kemankeş Karamustafa Paşa Mh., Kemankeş Cd37/A, Karaköy, Tel. 021 2 92 44 55, www.karakoylokantasi.com) is(s)t man elegant von türkisfarbenen Fliesen umgeben. Das € € **Kafe Ara** (Tomtom Mah., Tosbağa Sk. 2, Tel. 0212 24 5 41 05, www.kafeara.com) liegt etwas versteckt beim Galatasaray-Gymnasium. Im Obergeschoss wohnt der Namensgeber, der Fotograf Ara Güler; großformatige Schwarz-Weiß-Abzüge seiner Istanbulfotos schmücken die Wände. Der € € **Limonengarten/Limonlu Bahce** (Tomtom Mah., Yeni Çarşı Cad. 74, Galatasaray/Beyoğlu, Tel. 0212 2 52 10 94; 11.00 Uhr bis spätabends) ist eine kühle Oase mitten in der Stadt. Man sitzt in einem kleinen Garten bei Lounge-Musik.

UNTERKUNFT

Rund 30 Ferienwohnungen hat der Münchner Architekt Erdoğan Altındış in Istanbul renoviert.

Tipp

Literarisches

Die 1955 gegründete **Deutsche Buchhandlung** beliefert die ganze Türkei mit deutschen Schulbüchern, auch die deutsche Schule in Istanbul. Für Touristen gibt es eine breite Palette an Büchern von deutschen Autoren über die Türkei sowie übersetzte türkische Literatur.

INFOS & EMPFEHLUNGEN

Die € € / € € € **Manzara Apartments** sind im ganzen Galataviertel verstreut. Alle haben *manzara* („Aussicht", siehe auch S. 22), und eine Wohnung ist schöner eingerichtet als die andere (Rezeption: Galata-Beyoğlu, Tatar Beyi Sokak 26 b, Tel. 0212 252 46 60, www.manzara-apartments.com). Das € € **SuB Hotel Karaköy** (Necatibey Cad. 91, Karaköy, Tel. 0212 2 43 00 05 www.subkarakoy.com) wird geführt von der Deutsch-Türkin Cigdem Sungur und ihrem Partner und ist ein Design-Hotel in Karaköy, mit viel Kunst an grauen Betonwänden (die Hoteliers arbeiten mit der Kunst-Initiative Tobhane Art Walk zusammen). Im € € € € **Pera Palace** (Tepebaşı Beyoğlu, Meşrutiyet Cad. 52, Tel. 0212 3 77 40 00, www.perapalace.com) übernachteten einst die Reisenden des Orient-Express, heute ist es wieder ein luxuriöses Haus, das zur Jumeirah-Kette gehört. Schön verwohnt ist dagegen das € € / € € € **Grand Hotel de Londres** (Beyoğlu, Meşrutiyet Cad. 53, Tel. 0212 245 06 70, www.londrahotel.net), bekannt auch durch Fatih Akins der Musikszene Istanbuls gewidmeten Film „Crossing The Bridge".

● Vom Taksim-Platz zum Bosporus

Entlang der Fußgängerzone İstiklal Caddesi brodelt die Stadt vor Leben. Istanbuler und Besucher schwimmen gemeinsam im Strom. Am

Tipp
Naschwerk

Turkish Delight ist eine weiche, klebrige Süßigkeit aus Sirup, Stärke und Zucker, mit Rosenblättern umhüllt oder mit Pistazienkernen bestreut. Die zartesten, frischesten der Stadt haben wir in Galata genascht. ⑮ **Ottoman Turkish Delight** betreibt hier in einer über 400 Jahre alten Zisterne einen Laden; es gibt auch ein Café und schöne Schachteln, um das Naschwerk nach Hause zu tragen.

INFORMATION
Ottoman Turkish Delight, Galata (Beyoğlu), Galip Dede Cad. 105/A, bis spät abends geöffnet

Oben: die Shopping Mall in Levent. Rechts oben: die Modedesignerin Asli Jackson. Darunter: im Lounge-Restaurant 360 Istanbul.

Ufer des Bosporus wartet eine Lagerhalle voller Kunst auf Neugierige.

SEHENSWERT/MUSEEN

Die ⑦ **İstiklal Caddesi** wird von der historischen Tram durchquert. Großartige Jugendstilgebäude säumen die einstige Grande Rue de Pera, mehrere ausländische Botschaften haben hier ihren Sitz. Durch eine Passage gelangt man von der Fußgängerzone zum ⑧ **Pera-Museum** (Pera Müzesi, Meşrutiyet Cad. 65, Tel. 021 23 34 99 00, www.peramuzesi.org.tr; Di.–Sa. 10.00 bis 19.00, So. 12.00–18.00 Uhr), in dessen ständiger Sammlung das berühmte Gemälde „Der Schildkrötenerzieher" (1906) von Osman Hamdi Bey zu sehen ist. Ins ⑨ **Galatasaray Lisesi**, ein ehemals französisches Gymnasium, schickt bis heute die Oberschicht ihren Nachwuchs. Hier wurde 1905 der Fußballclub Galatasaray gegründet. Daneben führt eine steile Gasse bergab; dort bietet das **Goethe Institut** (Yeni Çarşı Cad. 32, Tel. 0212 249 20 09) ein Café, Wechselausstellungen und Kulturveranstaltungen. In den umliegenden Gassen kann man in vielen Antiquitätenläden stöbern. Der lebhafte ⑩ **Taksim-Platz** ist Verkehrsknotenpunkt und nachts ein Ausgehviertel auch für die schwule Community. Das riesige Museum ⑪ **Istanbul Modern TOPZIEL** (Meclis-i-Mebusan Caddesi, Liman İşletmeleri Sahası Antrepo 4, Tel. 0212 334 73 00, www.istanbulmodern.org; Di.–So. 10.00–18.00, Do. bis 20.00 Uhr) zeigt in Lagerhallen am Bosporus zeitgenössische türkische Kunst. In den ⑫ **Dolmabahçe-Palast** (Dolmabahçe Sarayı, Beşiktaş, Dolmabahçe Caddesi, Tel. 021 22 36 90 00, www.dolmabahcepalace.com; tgl. außer Mo. und Do. 9.00–16.00 Uhr, Kasse evtl. kürzer) kommt man nur mit Führung; es gibt ein Tageskontingent von 3000 Eintrittskarten. Seit Mitte des 19. Jh. Residenz der osmanischen Sultane, wirkt der Palast nicht zufällig wie eine Mischung aus barockem Versailles und orientalischem Serail. Im 2013 nach Renovierung wiedereröffneten ⑬ **Marinemuseum** (Deniz Müzesi, Sinan Paşa Mah.,

Beşiktaş Cad. 6/1, Tel. 0212 327 43 45, www.denizmuzeleri.tsk.tr; Di.–So. 9.00–17.00 Uhr), in der Nähe des Kadıköy-Piers in Beşiktaş, sind vom Ruderboot Atatürks über Kajaks bis zu prächtigen Galeeren aus osmanischer Zeit vielerlei Schiffe ausgestellt.

RESTAURANTS

Die türkische Fast-Food-Kette € / € € **Simit Sarayi** (www.simitsarayi.com; 10.00–24.00 Uhr) hat Filialen in der ganzen Stadt, z. B. am Taksim-Platz. Wer nicht zu den amerikanischen Kettenrestaurants gehen will, isst hier ordentlich, billig und original türkisch. Im schönen Jugendstilambiente der € € **Çiçek-Passage** an der İstiklal Caddesi kann man über vergangene Zeiten nachsinnen. Die Kellner sind vielleicht etwas aufgedreht, aber trotz der touristischen Umgebung speist man gut. Im € € **Yemek Kulübü** (İstiklal Cad. 172) findet man Kuchen, kleine Speisen und eine historische Einrichtung: ein original ausgestattetes Jugendstilcafé mit schönen Schmuckkacheln zu den vier Jahreszeiten. Das € € € € **360 Istanbul** (İstiklal Cad., Misir Apt. 163, Tel. 0212 251 10 42, www.360istanbul.com) – Bar, Restaurant und Club in einem – bietet einen atemberaubenden Rundumblick auf die Stadt. Der südafrikanische Koch Mike Norman zaubert hier hervorragende türkische und internationale Gerichte. Das € € € **Antiochia** (Beyoğlu, Asmalı Mescit Mah., Minare Sk. 21, Tel. 0212 292 11 00, www.antiochiaconcept.com) serviert modern zubereitete, teils sehr scharfe anatolische Gerichte.

„Konfuzius sagt, wenn ihr einen Ort besucht und verstehen wollt, welche Kultur dort herrscht, dann hört euch die Musik an ..." (Fatih Akin)

Museum(swerft)

Tipp

Den Themen Transport, Verkehr, Industrie und Kommunikation ist das ⑯ **Rahmi M. Koç Müzesi** auf dem Gelände einer alten Werft am nördlichen Ufer des Goldenen Horns gewidmet. Das Museum ist nach einem Großindustriellen benannt, der sich seine Anregungen einst als Student in den USA bei einem Besuch des Henry-Ford-Museums in Michigan holte. Zu seiner Sammlung gehören unter anderem alte Autos, Eisenbahnwaggons, Flugzeuge, Schiffe und ein U-Boot.

INFORMATION
Di.–Fr. 10.00–17.00, Sa./So. bis 19.00, im Winter bis 18.00 Uhr; Hasköy Cad. 5, Hasköy, Tel. 0212 369 66 00, www.rmk-museum.org.tr

UNTERKUNFT
Das € € € € **Marmara Taksim** (am Taksim-Platz, Tel. 0212 334 83 00, http://taksim.themarmarahotels.com) gehört zur Hotelkette The Marmara, die ihre Häuser in Istanbul runderneuert und grandiose Designhotels geschaffen hat. Das € € € **Witt Istanbul** (Cihangir Mah., Defterdar Yokuşu 26, Tel. 0212 293 15 00, www.wittistanbul.com) verfügt über 17 zeitgenössisch gestylte Suiten und ein exzellentes Frühstückscafé.

● **In den nordwestlichen Hochhausvierteln**

In den Vierteln Nişantaşı, Şişli und Levent sucht man die Simitverkäufer mit ihren Handwagen vergeblich, hier ist (und isst) Istanbul modern. Der Caffè Latte hat den Cay verdrängt.

SEHENSWERT
Ein Bummel durch die Rumeli Caddesi zeigt das neue Istanbul: Hochhäuser, Shopping Malls, modisch-elegant gekleidete Menschen … Die ⑭ **Skyline von Nişantaşı und Şişli** wächst stetig in die Höhe. In Levent hat sich der Finanzdistrikt ausgebreitet, lockt die Shopping Mall Kanyon (www.kanyon.com.tr).

RESTAURANT
Leckeres für den kleinen Hunger zwischendurch gibt's bei € **Harman Kuruyemis** in der Halaskargazi Caddesi 290. Im € € / € € € **Pasha** (Şişli, Merkez Mah., Büyükdere Cad. 21) treffen sich Geschäftsleute zum Lunch.

UNTERKUNFT
€ € € **The Sofa** (Teşvikiye Cad. 41, Tel. 0212 368 18 18, www.thesofahotel.com) ist ein elegantes Designhotel im schicken Nişantaşı-Distrikt. Im Haus hängt viel zeitgenössische Kunst.

Genießen   Erleben   Erfahren

Sprachschulen rund um den Taksim-Platz

Merhaba („hallo") hat man sich schnell gemerkt, und *evet* („ja") kann auch bald jeder sagen. Doch wer länger in der Türkei bleiben möchte, könnte sich mit einem Sprachkurs weiterbilden.

Die Klassenzimmer sehen nüchtern aus. Schallschutzfenster lassen den Lärm und das Leben des nahen Taksim-Platzes außen vor. Drinnen gilt es, türkische Verben zu deklinieren. Wie lange dauert es, bis man ein paar Sätze flüssig reden kann? Das kommt natürlich auf den Einzelnen an – auf die Sprachbegabung und ob er/sie vorher schon eine oder besser zwei Fremdsprachen gelernt hat, erklärt der junge Lehrer an der Dilko English School. Hier büffeln junge

Völkerverständigung am Taksim-Platz (oben) und vor dem 49cafe in Beyoğlus Turnacibasi Caddesi.

Türken Englisch oder Deutsch, aber die Schule bietet auch Unterricht für Ausländer an, die Türkisch lernen wollen. Zimmer oder Gastfamilien werden offiziell nicht vermittelt, „doch wenn jemand fragt, helfen wir schon". Man nenne das „die türkische Art der Hilfe".

Einen Monat lang zwei Stunden täglich, dann kann man sich darauf freuen, am Taksim-Platz ganz locker einen Kaffee zu bestellen: *Merhaba, bir fincan kahve istiyorum* – „Hallo, ich möchte gern einen Kaffee trinken". Und wenn man den *kahve* bekommen hat, freut sich die Bedienung über ein fröhliches Dankeschön – *teşekkür ederim*.

Weitere Informationen

Die **Dilko English School** besteht seit 1977. Es werden Wochenkurse angeboten, von Sa. bis Sa.; Einzelunterricht kostet knapp 20 €/Std., wer gleich 40 Std. bucht, zahlt nur knapp 15(Std. €. Unterrichtet wird auf Englisch und Türkisch. www.dilkoenglish.com

Weitere Sprachschulen rund um den Taksim-Platz:
Tomer: www.tomer.ankara.edu.tr/tr/subeanasayfa/8/taksim-subesi
Dilmer: www.dilmer.com/en/turkish-course
Kedicat: www.kedicat.com

Jenseits des Bosporus

Von Europa nach Asien in weniger als einer halben Stunde? In Istanbul ist das kein Problem! Mit der Fähre über den Bosporus braucht man rund zwanzig Minuten, und schon ist man vielleicht nicht in einer ganz anderen Welt, aber ganz sicher auf einem anderen Kontinent. Und wem das alles doch einmal zu viel wird: Im Marmarameer warten auch noch die idyllischen Prinzeninseln auf Besucher.

Blick von der Ortaköy-Moschee (Büyük Mecidiye Camii) im Schatten der Ersten Bosporusbrücke hinüber auf die asiatische Seite

An der Uferpromenade von Moda in Kadıköy

Mit der Fähre von Kontinent zu Kontinent – oben rechts im Bild erkennt man den Bahnhof Haydarpaşa.

Beim Bau der Ersten Bosporusbrücke wurden 55 000 Kubikmeter Stahlbeton, 17 000 Tonnen Stahl und 7000 Tonnen Kabel verarbeitet.

> Dann stellt man sich an die Reling, schaut den Möwen zu, nippt am Tee und knabbert am Sesamring.

Doch, es gibt einiges zu sehen am asiatischen Ufer. Das Schönste aber ist vielleicht die Überfahrt. Mit der gleichen Selbstverständlichkeit, mit der andernorts Menschen den Bus zur Arbeit nehmen, besteigen die vielen Pendler Istanbuls die Fähre von Kontinent zu Kontinent. Die meisten fahren morgens ans europäische Ufer und kehren abends zurück. Eine solche Fahrt sollte man sich nicht entgehen lassen.

Istanbulfeeling pur

Auf den Fähren gibt es kleine Kioske, man stellt sich an, sagt *bir cay* und bekommt seinen Tee im Glas. Zuvor hat man natürlich schon am Hafen zum Sesamkringelverkäufer *bir simit* gesagt. Dann stellt man sich an die Reling, schaut den Möwen zu, sieht die Silhouette der Stadt näher kommen, nippt am Tee, knabbert am Sesamring. Ringsum wird telefoniert und geplaudert, Frauen stehen beisammen, Männer auch; morgens vor Geschäftsbeginn sind noch wenig Paare unterwegs. Wer interessiert das Panorama betrachtet, dürfte vermutlich ein Besucher sein. Wer jeden Tag dieselbe Strecke mit dem Bus fährt, schaut ja auch nicht die Sehenswürdigkeiten an. Und doch: In diese Pendlermenge eingewoben, darf sich der Tourist sehr einheimisch fühlen. Mehr Istanbulfeeling ist für so wenig Geld kaum zu haben. Betrieben werden die Fähren von der İstanbul Deniz Otobüsleri A. Ş., von der „Meeresbusgesellschaft". Es gibt aber noch zwei andere Möglichkeiten, ans asiatische Ufer zu kommen: Man kann mit dem Auto, Bus oder Dolmuş über eine der beiden Brücken über den Bosporus fahren – oder neuerdings auch unten durch: Die Marmaray-U-Bahn benötigt vom Bahnhof Sirkeci, dem alten Orient-Express-Bahnhof auf der europäischen Seite bis nach Üsküdar gerade mal drei Minuten. Noch sind die Züge nicht proppenvoll, und für Touristen ist die Fahrt mit der Fähre natürlich schöner. Aber dieses modernste Verkehrsmittel der Stadt wird sicher noch besser angenommen werden. Auch wenn es Istanbuler gibt, die sagen, niemals würden sie in einer erdbebengefährdeten Stadt wie der ihren in etwas einsteigen, das unter dem Meer hindurchfährt.

Die B-Seite der Stadt

Istanbuls Gründungslegende beginnt am asiatischen Ufer, und es ist eine wenig schmeichelhafte Geschichte. Der legendäre Byzas, hellenistischer Königssohn aus Megara, soll nämlich einst ausgezogen sein, um eine neue Kolonie zu gründen. Das Orakel von Delphi riet ihm, er solle sie gegenüber der „Stadt der Blinden" anlegen. Ohne recht zu wissen, was das bedeutet, zog er los. Im Norden des

Die Dachterrasse des Hotels Double Tree by Hilton in Kadıköy-Moda ist mit Panoramafenstern verglast und bietet einen herrlichen Blick hinüber auf die europäische Seite.

Nobelshopping in der Bağdat Caddesi.

Sundowner im schicken Panorama-restaurant 360 East.

Über die Bağdat Caddesi im heutigen Kadıköy zogen einst die Karawanen nach Bagdad, daher der Name. Heute säumen die Straße Nobelboutiquen, Restaurants und Bürotürme.

Verkehrter Verkehr

Special

Megastau in der Megastadt

Autofahren in Istanbul? Freiwillig wird sich das niemand antun. Doch ein Drittel der Stadtbevölkerung verbringt täglich zwei Stunden auf der Straße. Der Verkehr ist Istanbuls größtes Problem.

Anfang 2014 wurde die U-Bahn-Brücke über das Goldene Horn eröffnet. Für die 4,5 Milliarden Euro teure Dritte Bosporusbrücke wurde ein Jahr zuvor der Grundstein gelegt. Doch jede weitere Autobrücke erhöht nur das Verkehrsaufkommen. Noch mehr Brücken, noch mehr Pkw – das würde die Megacity kaum verkraften. Täglich werden mehr als 800 Autos neu zugelassen, rund 3 Millionen Millionen Pkw sind in Istanbul registriert. Immerhin fährt mittlerweile ein sogenannter Metrobüs auf separaten Spuren – auch auf der Ersten Bosporusbrücke rauscht er am Verkehr vorbei, zur Freude der darin sitzenden Pendler. Unter dem Bosporus soll der Tunnel Abhilfe schaffen.

Doch nicht nur über und unter, auch auf dem Bosporus wird es eng. Jahr

Engpass Bosporus: Nichts geht mehr …

für Jahr fahren hier rund 50 000 Handelsschiffe ins Schwarze Meer. In die andere Richtung werden jährlich im Schnitt 140 Millionen Tonnen Öl transportiert. So kam der Staatspräsident Erdoğan in seiner Zeit als Ministerpräsident auf eine verwegene Idee: Er wollte einen zweiten Bosporus, eine zweite Verbindung zwischen Schwarzem und Marmarameer schaffen. Der „Istanbul-Kanal" soll im Jubiläumsjahr 2023, wenn die Türkische Republik ihren 100. Geburtstag feiert, fertiggestellt sein.

Marmarameeres fand er einen unübertrefflich passenden Naturhafen: das Goldene Horn. Gegenüber aber, an einer weitaus schlechteren Stelle, hatten schon andere Griechen einen Ort gegründet: Chalkedon, das heutige Kadıköy. Sind die denn blind, dass sie den viel besseren Ort übersehen haben?, fragte sich Byzas, gründete seine Kolonie am Goldenen Horn, erfüllte damit den Orakelspruch und benannte die Stadt nach sich selbst: Byzantion. So mag das asiatische Ufer quasi die B-Seite der Stadt sein, dafür ist der Blick unvergleichlich. Einmal abends in Üsküdar sitzen, auf den Polstern am Bosporusufer, ein Glas Tee in der Hand, und zusehen, wie die Sonne hinter der Skyline von Nişantaşı und den Minaretten des historischen Zentrums errötet – da braucht man kein Orakel, um zu erkennen, wie schön das ist.

Eine Stadt in der Stadt

Doch auch die Skyline auf der asiatischen Seite – Einheimische nennen sie die anatolische – strebt rasant in die Höhe; nicht nur, weil auf der europäischen Seite der Platz eng wird. In Kadıköy leben knapp 500 000 Menschen, so die offizielle Zahl. Inoffiziell wird angenommen, dass Kadıköy eine Millionenstadt für sich ist. Um zu verhindern, dass der Großteil dieser Menschen über den Bosporus zur Arbeit pendeln muss, erleichtert die Stadt die Ansiedlung von

Den Verkäufern auf dem Fischmarkt in Kadıköy könnte man stundenlang zusehen. Irgendwann sollte man aber auch etwas kaufen – eines der leckeren Fischbrötchen zum Beispiel.

Alltagsleben in Kadıköy: Auf der asiatischen Seite sind viel weniger Touristen unterwegs als auf der europäischen, obwohl die Überfahrt mit der Fähre noch nicht einmal eine halbe Stunde lang dauert.

Feminine Akzente: Die Fassade der auch insgesamt offener gestalteten Şakirin-Moschee wurde durchbrochen, anstelle von Wänden installierte man filigrane Metallgitter.

> „Ich dachte, es müsse Grenzen geben. Gibt es aber nicht. Die Beschränkungen sind in den Köpfen."
>
> Zeynep Fadıllıoglu

Industrie im Einzugsbereich der stark wachsenden Stadtteile.

Eine kleine Sensation

Hier auf der asiatischen Seite entstand auch die wohl ungewöhnlichste Moschee Istanbuls: Die im Jahr 2009 in Üsküdar eröffnete Şakirin Camii ist die erste und bislang einzige Moschee in der Türkei, deren Innenarchitektur von einer Frau entworfen wurde – eine kleine Sensation. Zeynep Fadıllıoglu, eine 1955 in Istanbul geborene Kunsthistorikerin und Innenarchitektin, arbeitete zunächst als Systemanalystin und begann bald, Clubs und Restaurants in Istanbul und Ankara zu managen und auszustatten. Als Vierzigjährige gründete sie 1995 ihr eigenes Designbüro, gestaltete Projekte in London, Kuwait, Berlin, Delhi oder Saint-Tropez. Einen guten Namen machte sie sich auch mit Entwürfen für verschiedene Istanbuler Restaurants und das Luxushotel Les Ottomans sowie mit dem Umbau einer Villa in Berlin-Grunewald. Bei der Innenausstattung der Şakirin-Moschee arbeitete die gläubige Muslima mit Islamwissenschaftlern zusammen. Dabei ging sie einen ganz eigenen Weg. Teile der Kuppel sind aus Plexiglas und mit Leuchtdioden besetzt. Der Balkon für die Frauen ist hell und geräumig. Der *Minbar*, die Kanzel der Moschee, ist nicht wie üblich aus Holz oder Stein, sondern eine Treppe aus Acrylglas. Es gibt einen gemeinsamen Eingang für Männer und Frauen, im Inneren der Moschee haben beide gleichberechtigt Platz.

Für das Projekt angeworben wurde Zeynep Fadıllıoglu von einer wohlhabenden türkisch-arabischen Familie in London; die Moschee steht am Eingang des Karacaahmet-Friedhofs, wo die Mutter der Auftraggeber begraben liegt.

Eine ewige Hochzeit

Karl May, der Deutschen liebster Kopfreisender, war zwar im richtigen Leben nicht viel unterwegs, aber in den Orient ist er dann doch einmal gefahren – wenn auch erst etwa zwanzig Jahre nach seiner fiktiven Reise als Kara Ben Nemsi „von Bagdad nach Stambul".

Von der – echten – späteren Reise existieren Tagebuchaufzeichnungen. Darin zeigt er sich begeistert vom Marmarameer und beschreibt es im Sommer 1900 entsprechend euphorisch „... in seiner größten Schönheit. Spiegelglatt wie feinster Sammet mit graublauem Silberglanz, von sanft erhabenen Querlinien durchzogen". Viel schöner als Kairo sei Istanbul, bemerkt er, denn hier pulsiere etwas „nicht in Worte zu Fassendes fortwährend, immerwährend. Hier ist ewige Hochzeit zwischen Ocean und Festland; hier

Aufgrund ihres eisenhaltigen rötlichen Gesteins werden die Prinzeninseln auch Kızıl Adaları genannt – „Rote Inseln". Nur die vier größten der insgesamt neun Eilande sind bewohnt: neben Büyükada (alle Abbildungen dieser Doppelseite) auch Heybeliada, Burgazada und Kınalıada. Am bequemsten erkundet man die (durch Fährverbindungen gut erreichbaren) Inseln mit der Pferdekutsche oder dem Fahrrad.

DAS ASIATISCHE ISTANBUL
92 – 93

fließt stets eine Kraft von Erdtheil zu Erdtheil, gleichzeitig hin und her."

Prinzen und Mönche

Wie viele Millionen Menschen die Stadt auch bevölkern mögen, es gibt immer einen Ausweg aus dem Moloch: hinaus aufs Wasser. Die Prinzeninseln, von den Istanbulern schlicht Adaları, „Inseln", genannt, sind neun reizende Eilande zwanzig Kilometer südlich von Istanbul im Marmarameer. Nicht alle Gäste kamen freiwillig hierher: Einst dienten die Inseln der Verbannung unliebsamer Zeitgenossen – das konnten auch Prinzen sein (daher der Name). Oder Revoluzzer: Ab 1929 verbrachte Leo Trotzki die ersten fünf Jahre seines Exils hier und war angetan von der Ruhe. Es sei ein guter Platz, um mit der Schreibfeder zu arbeiten, erklärte er. Vor allem aber hielten sich hier die griechischen Wurzeln länger als sonstwo am Bosporus. Vom „Lunapark" genannten Sattel auf Büyükada, der größten Prinzeninsel, wo Kinder auf Eseln reiten können und allerlei Krimskrams an Ständen verkauft wird, schnauft man in der Hitze eine halbe Stunde steil bergauf. Oben, auf dem rund 203 Meter hohen Yücetepe, steht das griechisch-orthodoxe Kloster St. Georg. Eine Griechisch sprechende Reisegruppe geht in die Klosterkirche hinein, alle zünden eine Kerze an. Schwere Leuchter hängen von der Decke, das Gold der Ikonen schimmert. Bis heute leben orthodoxe Mönche auf der Insel.

Verzückt über die Sommeridylle vor den Toren der Millionenstadt, muss man schwer an sich halten, um keines der kitschigen Plastikblumenkränzchen zu kaufen, wie sie am Lunapark angeboten werden. Besser wieder aufsteigen aufs Fahrrad und in Richtung Bootsanleger hinabrollen. Die schöne alte Fährstation von der vorigen Jahrhundertwende verzögert die Annäherung an die Gegenwart auf sanfte Art. Im – von bunten Fenstergläsern – milden Licht schmeckt der letzte Tee auf Büyükada noch ein bisschen nach Mittelmeer und Sommer.

DUMONT THEMA

KULINARISCHE KÖSTLICHKEITEN UNTER DEM TÜRKISCHEN HALBMOND

Glocken des Glücks

Da kommt viel zusammen: Istanbuls Küche ist ein Mix aus den verschiedensten Einflüssen. Schließlich reichte das Osmanische Reich einmal rund ums Mittelmeer, bis nach Arabien, Afrika und Asien. Nicht jede Spezialität ist jedermanns Geschmack; „Glocken des Glücks" etwa sind gegrillte Hammelhoden. Aber es lassen sich viele köstlichen Entdeckungen machen.

In Istanbul liebt man modern interpretierte Variationen traditioneller Gerichte wie hier links der auf einem verglasten Holzkohlegrill zubereitete „gerollte Döner" (Dürüm). Die Vorliebe für fantasievolle Namen macht auch vor der internationalen Hotelküche nicht halt. So heißt das kunstvoll inszenierte Fleischgericht rechts „Love me tender".

In Istanbul lebten und leben Menschen unterschiedlichster Herkunft. Alle brachten und bringen ihre verschiedenen kulinarischen Traditionen mit – und auch die Zutaten. Am Schwarzen Meer wächst Mais, aus Anatolien kommen viele Fleischgerichte, während die Bewohner der Meeresufer naturgemäß viele Fischrezepte kennen. So ist etwa *Lahmacun*, das türkische Fladenbrot aus Hefeteig, keineswegs eine Nachahmung der italienischen Pizza, sondern eine traditionelle Beilage aus dem arabisch geprägten Südanatolien.

Essen wie der Sultan

Das Essen im Lokal beginnt mit einem Ritual. Der Kellner tritt mit einem riesigen Tablett an den Tisch, auf dem er kleine Schälchen balanciert: die erste Auswahl an verschiedenen *Meze* (Vorspeisen). Auf die kalten Vorspeisen folgt dann noch eine Ansammlung warmer – danach ist so mancher schon ziemlich satt.

Die Ursprünge der feinen Küche liegen in den Sultanspalästen des Osmanischen Reiches. Dessen Herrscher ließen sich gern kulinarisch verwöhnen, und allein bei den Namen der Gerichte ging wohl so manchem Koch die Fantasie durch. Da gibt es zum Beispiel „Frauenschenkel" (*Kadinbudu*, ein Hackfleischgericht), „Mädchenbrüste" (*Kız memesi*, ein Dessert) oder „Frauennabel" (*Kadın Göbeği*, ein frittiertes Brandteiggebäck mit einem neckischen Löchlein in der Mitte).

Frischer Fisch frisch auf den Tisch

Fragt man die Istanbuler nach ihrem Lieblingsfisch, wird man immer die gleiche Antwort bekommen: „Lüfer!" Allerdings ist der *Pomatomus saltatrix*, so der lateinische Name der auch

Frisch vom Grill schmecken die traditionellen türkischen Hackfleischröllchen, Köfte, am besten. Und mit die besten Köfte der Stadt gibt es im Restaurant Meşhur Sultanahmet Köftecisi in Fatih (Divan Yolu Caddesi 12).

Wer auf sich hält, backt selbst. Und selbst wenn es auf diesen Seiten anders aussieht: Es muss nicht immer Fleisch plus (… Brötchen, Fladen, Reis) sein. Die Türken sehen sich als Weltmeister im Gemüseverzehr. Allein für die Aubergine soll es mehr als vierzig verschiedene Zubereitungsarten geben.

Eine türkische Slow-Food-Bewegung? Doch, die gibt es!

Buchtipps

Das Istanbul Kochbuch. Bilder, Geschichten, Rezepte von Gabi Kopp, Berlin, 4. Auflage 2013. Die Autorin ist Illustratorin und Köchin. Sie hat Istanbuler Hausfrauen, Straßenhändler und Restaurantköche besucht, ließ sich deren beste Rezepte verraten und weiß nun alles schön zu erklären sowie hübsch zu illustrieren.

Meze in Istanbul. Kulinarische Spaziergänge und Originalrezepte von Petra Casparek, Erika Casparek-Türkkan und Taneli Türkkan, mit Fotos von Uwe Tölle, München 2015. Wer sich speziell für die türkischen Vorspeisen (Meze) interessiert, findet hier viele Anregungen.

als „Blaufisch" bekannten Delikatesse, von Überfischung bedroht. Deshalb macht sich die türkische Slow-Food-Bewegung – doch, die gibt es! – dafür stark, dass der Fisch erst mindestens 24 Zentimeter groß werden muss, ehe man ihn an Land ziehen darf …

Rauchschwaden von offenen Grills

In Istanbul kann man überall auch etwas im Stehen oder Gehen essen (siehe die Seiten 98/99), sei es Fisch oder Fleisch. Dabei gilt: Ornament muss sein. Fische werden etwa auf den bunten Booten an der Galatabrücke, aber auch in Kadıköy auf der asiatischen Seite des Bosporus, interessant gruppiert angerichtet, von etwas Grünzeug umgeben, mit Wasser besprengt. Nass glänzen sie und metallisch blau, die blutroten Kiemen sollen Frische demonstrieren. Direkt daneben steigen von offenen Grills Rauchschwaden auf. An diesen hantieren Männer mit Haube und Grillschürze, sortieren Fische und Beilagen, Zwiebeln und Tomaten, Salat und Salz, wenden die Makrelen immer wieder, damit sie von allen Seiten knusprig werden.

Ein türkischer Klassiker

Fleischfetzen, die sich überm Feuer drehen, werden seit Urzeiten verzehrt. Die türkische Variante, das Fleisch um einen senkrechten Spieß zu wickeln, hat den Vorteil, dass es nicht so stark nach Rauch schmeckt, weil der besser abziehen kann. Klassischerweise verwendete man für Döner Kebap mariniertes Hammel- oder Lammfleisch; heute nimmt man auch Kalb, Rind, Pute oder sogar Huhn. Schichtweise werden die Scheiben oben auf den aufrecht stehenden Drehspieß gesteckt, ganz oben drauf kommt dann noch eine Tomate, deren Saft hineinsickert. Die gebräunte äußere Kruste des Grillfleischs wird mit einem Messer abgesäbelt, die Stückchen schichtet man dann in ein Fladenbrot, dazu Petersilie, Zwiebeln, Tomaten, Gurken, auf Wunsch Peperoni, und fertig ist das türkische Fast Food in seiner einfachsten Form, von der es natürlich zig Variationen gibt.

Auch nicht schlecht: Schmorfleisch auf Reis mit Kichererbsen, wie es im unmittelbar am Galataturm gelegenen Restaurant Kiva serviert wird. Man gönnt sich ja sonst nichts ...

UNSERE FAVORITEN

Streetfood für jede Jahreszeit

Leckeres „to go"

Natürlich kann man in Istanbul wunderbar essen gehen, ganze Straßenzüge bestehen fast nur aus Restaurants. Aber genauso beliebt ist das Essen auf die Hand, „Food to go", sozusagen. Das spart nicht nur Zeit (ein richtiges türkisches Mahl braucht schließlich Muße), sondern auch Geld. Für ein paar Lira kommt man gut (und lecker) durch den Tag.

1 Balık-ekmek

Man kann dazu Fischbrötchen sagen, aber das trifft es nicht ganz. Wunderbar samtig schmeckt der Fisch vom Grill. Von den legendären Fischständen am Ufer bei der Galatabrücke blieb nur ein einziger übrig, als die Stadtverwaltung im Jahr 2015 per Kahlschlag die Buden schloss. Aber direkt gegenüber, am Ufer bei Sultanahmet, wird Balık-ekmek ebenfalls gegrillt – und verkauft von Booten mit bunten Lichtern. Dazu isst man gerne Karışık Turşu vom Stand nebenan: in Essig-Salzlake eingelegtes Gemüse.

2 Simit

„Buyrun! Buyrun!", rufen die fliegenden Händler immer wieder, „Bitteschön, bitteschön!" – Gibt es eine freundlichere Art, auf sein Angebot aufmerksam zu machen? Wer könnte da schon widerstehen? Die Simit-Verkäufer bieten ihre Sesamringe entweder aus dem Handwagen heraus oder auf Tabletts imposant aufgeschichtet an. Auch anderes Gebäck wird feilgeboten, oder man kann sich den Simit mit Frischkäse beschmieren lassen, als wär's ein Bagel.

3 Eis

Wer sich in Istanbul ein Eis kaufen möchte, braucht Humor. Denn die Straßenverkäufer lieben es, ihre Kunden zum Narren zu halten. Die Slapstick-Nummer läuft immer gleich ab: Der Kunde greift nach der Eistüte, aber der Eismann zieht sie einem vor der Nase weg. Auch beliebt: Kunststücke mit dem Maraşeis, einer türkischen Spezialität von zäher und extrem klebriger Konsistenz. Diese wird aus Ziegenmilch, Zucker und dem aus Orchideenknollen gewonnenem Saleppulver hergestellt. Der Eismann verhärtet und knetet es dann mit langen Spateln.

4 Maronen

Erstaunlicherweise werden die gerösteten Kastanien nicht wie bei uns nur im Herbst oder Winter verkauft. Die Istanbuler lieben Maroni zu jeder Jahreszeit. Auch bei größter Hitze stehen die Verkäufer an ihren fahrbaren Röstofen – rotgoldene Wägelchen, die aussehen wie die Nostalgie-Tram in der İstiklal Caddesi. An denselben Ständen werden meist auch geröstete Maiskolben verkauft.

5 Midye dolma

Touristen bleiben skeptisch. Seafood als Streetfood? Um gefüllte Miesmuscheln (Midye dolma) – zu probieren, sollte man sich einen Stand mit viel Laufkundschaft aussuchen. Dann liegen die schwarzen Hälften dort nicht schon lange herum. Gefüllt sind die Muscheln mit gewürztem Reis, serviert werden sie mit einem Spritzer Zitrone. Gerne naschen abendliche Spaziergänger zwei, drei Muscheln, wenn sie von der einen Bar zur nächsten stromern.

6 Kumpir …

… ist nichts für den kleinen Hunger zwischendurch: Dabei handelt es sich um große Folienkartoffeln, üppig gefüllt mit Käse, Butter, Gurken, Mais und Gemüse, dann kommen noch Ketchup und Mayonnaise darüber. Kumpir-Schranke, sozusagen, wie bei Pommes frites. Vor allem in Ortaköy findet man Kumpir-Straßenstände. Interessanterweise kommt das Wort von dem pfälzischen „Grumbeere" für Grundbirne (= Kartoffel). Türken aus dem europäischen Teil des Osmanischen Reichs brachten die Rezepte bis nach Anatolien.

7 Kokorec …

… wiederum brachten Armenier nach Istanbul: Auch die Küche der Stadt ist eben ein wahrer Meltingpot. Kokorec ähnelt rein optisch dem Döner: ein Drehspieß mit Fleisch daran. Allerdings besteht kaum Verwechslungsgefahr, denn der Spieß dreht sich hier waagrecht vor dem Holzkohlegrill. Er besteht aus, nun ja, Lammdärmen. Die gereinigten Därme werden spulenartig auf Spieße gewickelt und mit viel Fett gemischt. Das Gericht ist kräftig gewürzt, darüber kommen dann noch scharfe Paprikaflocken; serviert wird das Ganze im Brot. Ziemlich deftig.

8 Frische Säfte

Man glaubt an Halluzinationen. Schwitzend müht man sich die steilen Gassen Beyoğlus hinauf – und oben werden an einem Stand frisch gepresste Säfte verkauft. Himmel auf Erden! Fast immer gibt es Granatapfelsaft, den sollte man probieren – das macht man zu Hause wohl nie. Orangensaft schmeckt ebenfalls sehr gut, weil die Früchte sonnengereift sind. Und die exotischeren Mischungen verlocken zu immer wilderen Kombinationen. Wie wäre es vielleicht mal mit Karotte-Birne?

9 Obst am Stiel

Eine Abwechslung zu all der schweren Kost bieten die Obststände. Viele davon findet man beim Galataturm. Über bunten Bergen von frischen Früchten steht einer und schnippelt um sein Leben. Es gibt, was es gerade gibt, je nach Saison. Dann spießt er das Obst auf Spieße auf und bietet für ein oder zwei Lira Obst am Stiel an, Ananas-Schaschlik, sozusagen.

10 Osmanli Macunu

Zuckerstange, so könnte man den Namen dieser Süßspeise übersetzen. Aber es ist viel mehr, vereint die Liebe der Osmanen zum Ornament mit dem Hang zum Klebrig-Süßen. In einem Becken mit verschiedenen Fächern wickelt der Verkäufer kunstvoll bunten Zuckersirup auf ein Holzstäbchen. Darin enthalten sind außer Zucker und Wasser 1001 Gewürze, etwa Nelke und Pfeffer, Ingwer und Koriander, Kardamom, Vanille, Orangenschale … Das Ergebnis schmeckt süß und würzig zugleich, und damit es nicht gar zu sehr klebt, kommt noch ein Spritzer Zitrone darüber.

Am anatolischen Ufer

Üsküdar war einst das Ende einer Karawanenstraße – ein Warenumschlagplatz ist es bis heute geblieben. In Kadıköy startete die Bagdadbahn nach Osten. Zumindest diese beiden Stadtteile auf der asiatischen Seite Istanbuls sollte man sich ansehen – schon allein die hübsche Überfahrt mit der Fähre vorbei am Mädchenturm (Kız kulesi) aus dem 18. Jahrhundert ist ein Erlebnis. Und dann wartet da ja auch noch ein Inselidyll auf den ermatteten Großstadtbesucher.

❶–❽ Üsküdar

Aus dem im 6. Jh. v. Chr. gegründeten Chrysopolis, in der Antike ein wichtiger Fährhafen zwischen Kleinasien und Europa, wurde im Mittelalter Scutari. Daraus entwickelte sich der türkische Name Üsküdar für den – heute boomenden – asiatischen Teil Istanbuls. Ausdruck des Booms ist auch die moderne Moschee.

Tipp

Zu Fuß …

… von Asien nach Europa? Nein, ganz so gemächlich wie auf dem Bild unten geht das leider nicht. Die Bosporusbrücke ist für Fußgänger gesperrt, und auf dem Wasser zu wandeln ist nur den wenigsten gegeben. Aber einmal im Jahr darf man drübergehen – über die Brücke, nicht über das Wasser. Oder genauer gesagt: rennen. Im November nämlich, beim Eurasia-Marathon. Wer die ganze, knapp 42 km lange Strecke nicht schafft, kann sich auch an kürzeren Läufen über 15 oder 8 km beteiligen. Start ist für alle am asiatischen Ufer, und dann heißt es in jedem Fall: „Europa, wir kommen!"

INFORMATION
www.istanbulmarathon.org/en

Links oben/unten: „Diese Moschee führt alle zusammen. Die ganze Familie. Sie will Männer und Frauen nicht trennen." (Innenarchitektin Zeynep Fadıllıoglu über die von ihr gestaltete Şakirin-Moschee in Üsküdür. Oben: Mit der Fähre über den Bosporus.

SEHENSWERT/MUSEUM
Die ❶ **Mihrimah-Sultan-Moschee** (İskele Camii) steht überhöht am Schiffsanleger. Ringsum wird viel gebaut, eine Umgehungsstraße soll entstehen. Sinan, der hier erstmals Rundfenster einsetzte, baute die Moschee 1548 für die Tochter des Sultans Süleyman. Südlich davon steht die 1710 fertiggestellte ❷ **Neue Valide-Moschee** (Yeni Valide Camii), deren Hauptkuppel auf acht Stützen ruht. Der ehemalige Doppelhamam (Hakimiyeti Miliye Cad.) wurde ebenfalls von Sinan gebaut; heute findet man darin einen kleinen ❸ **Basar** (Mimar Sinan Çarşisi). Auf einem Hügel steht eine der frühesten Moscheen Istanbuls, die ❹ **Rum Mehmet Paşa Camii**. Ihr Stifter war ein Byzantiner, der zum Islam konvertierte; errichtet wurde die Moschee im Jahr 1471. Ein schöner Platz für den Sonnenuntergang ist das ❺ **Ufer von Üsküdar** (siehe S. 23). Man sitzt auf Polstern am Bosporus und trinkt Tee.

Tipp

Manzara …

… bedeutet im Türkischen nicht nur „Aussicht", sondern ist auch im wörtlichen wie im übertragenen Sinn ein Begriff für „Weitsicht" und „Einsicht". Dazu passend bietet Manzara Istanbul nicht nur Apartments mit meist herrlichem Ausblick (siehe S. 22) an, sondern auch Stadtspaziergänge zu unterschiedlichen Themen. Einer heißt „Rüber nach Asien!" und vermittelt ein stimmungsvolles Bild von Kadıköy und seinen Märkten.

INFORMATION
Tel. 0212 2 52 46 60,
www.manzara-istanbul.com

INFOS & EMPFEHLUNGEN

Wo sich heute der ❻ **Mädchenturm** (Kız kulesi) erhebt, gab es schon im 5. Jh. v. Chr. eine Zollstation im Bosporus, an der Schiffe aus dem Schwarzen Meer eine Abgabe zahlen mussten. Im 12. Jh. wurde daraus ein Leuchtturm – der jetzige stammt aus dem 18. Jh. Hier wurde übrigens die Schlussszene des James-Bond-Films „The World Is Not Enough" („Die Welt ist nicht genug") gedreht.
Der Ausflugsort ❼ **Büyük Çamlıca**, der „Große Pinienberg", liegt etwa 4 km nordöstlich von Üsküdar. Am besten fährt man dorthin mit dem Taxi. Der Hügel selbst ist wenig attraktiv, außer Pinien steht dort ein Antennenwald; doch die Aussicht auf die Skyline lohnt sich. Der oberhalb des Fährhafens gelegene **Karacaahmet-Friedhof** ist einer der größten des Orients und ziemlich verwildert, gut für einen ruhigen Spaziergang. In der Nähe des Friedhofs steht die ❽ **Şakirin-Moschee TOPZIEL** (Arakiyeci Hacı Mehmet Mah., www.sakirincamii.net). Das im Mai 2009 eröffnete Gotteshaus wurde von der Innenarchitektin Zeynep Fadıllıoğlu ausgestattet – ein Novum nicht nur in der Türkei, sondern in der gesamten islamischen Welt.

Oben: Knapp 200 m vor der asiatischen Küste ragt auf einer kleinen Insel im Bosporus der (auch als „Leanderturm" bekannte) Mädchenturm (Kız kulesi) in die Höhe. Rechts: Dachterrasse des Double Tree by Hilton in Kadıköy.

RESTAURANTS

Etwas nördlich des Fähranlegers von Üsküdar ist man im € € € **Dilruba** (Fethi Paşa Korusu Fistikağaci, Tel. 0216 4 92 15 00, www.dilruba.com.tr; tgl. 8.00–23.00 Uhr) mit großartigem Bosporusblick. Sehr beliebt: der Brunch. Es gibt auch einen Kinderspielplatz.
Das € € € **Kız Kulesi** (Üsküdar Salacak Mevkii, Tel. 0216 342 47 47, www.kizkulesi.com.tr; tgl. 9.00–18.45 Uhr) im Mädchenturm ist nicht gerade günstig und auch nicht besonders gut. Aber wegen des Essens kommt man auch nicht hierher, sondern wegen der Inszenierung: Wer reserviert hat, wird von einem Boot abgeholt und später zurückgebracht. Zudem gibt es eine schöne Bar im Obergeschoss.

❾ Kadıköy

Kadıköy besticht weniger durch seine Sehenswürdigkeiten als durch seine jungen, aufgeschlossenen Bewohner. In den Straßen am Schiffsanleger ist immer viel los, Touristen verirren sich seltener hierher.

SEHENSWERT

Am Nordrand von **Kadıköy** liegt das **Haremviertel** – vor allem ein Verkehrsknotenpunkt. Hier legen Fähren an, werden Containerschiffe beladen, fahren Überlandbusse bis nach Ankara, und am Dolmuş-Sammelplatz (Dolmuş ist die türkische Version des Sammeltaxis) wird der ganze asiatische Teil Istanbuls bedient. Das war schon vor hundert Jahren so, als hier die **Bagdadbahn** ihren Ausgangspunkt im Bahnhof Haydarpaşa hatte (siehe Tipp links).
Die **Selimiye-Kaserne** thront wie eine Burg über Harem, dort befindet sich auch das **Florence-Nightingale-Museum** (Selimiye Kışlasi, Harem, nur Sa. geöffnet auf Voranmeldung, Tel. 0216 5 56 81 61), das die Geschichte der weltberühmten Krankenpflegerin erzählt (Florence Nightingale war während des Krimkriegs in dieser Kaserne tätig). Bequem kommt man mit der historischen Tram ins **Modaviertel** von Kadıköy. Dort findet man eine armenische Kirche von 1962 mit einem hölzernen Glockenturm (Surp Takavor Ermeni Kilisesi, Muvakkithane Caddesi, So. 9.00–13.00 Uhr). Südlich, in Richtung Fenerbahçe, liegt Istanbuls zweiter Flughafen Sabiha Gökcen Hava Limani.

> ### Tipp
> ## Großer Bahnhof
>
> Der Orient-Express fuhr bis Istanbul, aber die Zugreise sollte nicht am Bosporus enden. Und so wurde in den Jahren 1906 bis 1908 ein Kopfbahnhof für die Reise nach Bagdad errichtet. **Haydarpaşa** in Kadıköy auf der asiatischen Seite sieht aus wie ein Wasserschloss: Der von den beiden deutschen Architekten Otto Ritter und Hellmuth Cuno errichtete, 4000 m² große neoklassizistische Bau steht auf einer – auf 1100 Pfählen aus 21 Meter langen wasserfesten Eichenstämmen ruhenden – Plattform im Meer. Von außen ist die dreiflügelige Anlage immer noch prächtig anzusehen. Im Innern allerdings wurden die oberen Etagen und der Dachstuhl nach einem Brand 2010 weitgehend zerstört. Nach dem Abschluss der erst zwei Jahre später begonnenen Umbauarbeiten soll hier der Hochgeschwindigkeitszug nach Ankara abfahren.

SHOPPING/AUSGEHEN

Im Süßwarengeschäft **Cafer Erol** (Yasa Cad. 21, www.sekercicafererol.com) stehen riesige Gläser voller bunter Bonbons, eine einzige Farbenpracht. Der Antikladen **Hobim Nostaljik** (Moda Cad. 12) ist eine grandiose Ramsch- und Trödelsammlung. Im Eisladen € **Ali Usta** (Moda Caddesi 176) steht die Kundschaft im Sommer Schlange. Und im Winter gibt es *boza*, ein Getränk aus Gerste. Die **Bahane Lounge** (Moda, Caferağa Mah., Miralay Nazım Sk. 20, Tel. 0216 7 00 17 75, http://bahanelounge.com) mit großer Terrasse ist perfekt zum Chillen und Abhängen geeignet und bei jungen Einheimischen beliebt. Die **Bağdat Caddesi** entlang des Ufers ist ein prächtiger Boulevard und *die* Shoppingmeile schlechthin am asiatischen Ufer.

RESTAURANTS

Das € € / € € € **Ciya** (Caferağa Mah., Güneşli Bahçe Sk. 48 B, Tel. 0216 3 36 30 13, www.ciya.com.tr; tgl. 11.00–22.00 Uhr) umfasst drei Restaurants in derselben Straße, alle drei geführt von Musa Dagdeviren, einem der verdientesten Köche Istanbuls. Auf Reisen durch die Türkei sucht er nach alten Rezepten, probiert sie aus und setzt sie auf die Speisekarte. Wem diese nichts sagt, der zeigt einfach am Tresen auf die Töpfe.
Das € € € **Cibalikapi** (Moda, Tarihi Moda Iskelesi, Moda Cad. 163 A, Tel. 0216 3 48 93 63, www.cibalikapibalikcisi.com) ist das bekannteste Fischlokal in Kadıköy-Moda. Im Sommer sitzt man auf der begrünten Terrasse, im Winter drinnen am Kamin. Das Restaurant hat sich der Slow-Food-Bewegung angeschlossen.

UNTERKUNFT

Die großzügigen Zimmer und komfortablen Suiten des € € € € **Double Tree by Hilton** (Moda, Caferağa Mah., Albay Faik Sözdener Cad. 31, Tel. 0216 5 42 43 44, http://double

tree3.hilton.com) haben Panoramafenster und bieten schönste Ausblicke auf die europäische Seite. Auf der Dachterrasse befinden sich ein traumhafter Pool und das Panoramarestaurant 360 East mit erstklassiger Fusionküche.

⑩ Prinzeninseln

Die Sommerfrische schlechthin: Wer Urlaub vom Urlaub braucht, der setzt am besten für einen Tag über auf die Prinzeninseln im Marmarameer. Frische Luft, frisches Grün und abends frischer Fisch – das sind die Versprechen, die die Inseln auch einlösen.

SEHENSWERT
Zu den Prinzeninseln fährt ein Linienschiff von Kabataş (etwa 1,5 Std.), unterhalb des Taksim-Platzes. Wer Zeit sparen möchte, der kann auch von Bostanci am asiatischen Ufer aus fahren. Auf der „Großen Insel" **Büyükada** kann man noch mit einigen Pferdekutschen fahren oder mit dem Fahrrad (siehe Aktiv-Tipp rechts). Die alte griechisch-orthodoxe Klosterkirche **St. Georg** (tgl. geöffnet) mit ihren beachtenswerten Ikonen steht auf dem „Hohen Hügel" **Yücetepe**. Schöne alte Holzvillen, die Sommerresidenzen reicher Istanbuler, sind über die ganze Insel verteilt. In einem alten Helikopterhangar residiert das **Museum der Prinzeninseln** (Adalar Müzesi, Hangar Müze Binasi, Aya Nikola Mevkii, Büyükada, Tel. 0216 382 64 30, www.adalarmuzesi.org; Di.–So. 10.00 bis 19.00, Winter bis 18.00 Uhr). Zum westlich gelegenen Strand, **Yörükali Plaji,** kutschieren Pferdedroschken.
Auf der gerade mal rund 1,5 km² großen Insel **Burgazada** sind nur noch drei Ruinen der Klöster übrig. Eine schöne Aussicht hat man von der Terrasse des ehemaligen Georgsklosters. Nahe der griechisch-orthodoxen Kirche steht das Wohnhaus des Dichters Sait Faik Abasıyanık (1906–1954), das seit 1964 Museum ist (Sait Faik Abasıyanık Müzesi, Tel. 0216 3 81 20 60, www.saitfaikmuzesi.org; Mi.–So. 10.00 bis 18.30 Uhr). Eine hübsche, wenn auch etwas karge Badeinsel ist **Kınalıada**.

RESTAURANT
Das **Iskele Café** im Obergeschoss der Fähranlegestation auf Büyükada erfreut innen mit einer Jahrhundertwende-Einrichtung und außen mit einer Dachterrasse.

UNTERKUNFT
Das hübsche Holzhotel € € **Saydam Planet** (Tel. 0216 382 33 66, www.saydamplanet.com) liegt direkt am Fähranleger auf der Großen Prinzeninsel, mit Blick aufs ferne Istanbul. Tagsüber herrscht ringsum in der Regel ziemlich viel Betrieb, abends genießt man Inselruhe. Die € € / € € € **Villa Mimosa** (Gönüllü Cad. 81, Tel. 0216 3 81 29 57, www.istanbul-prinzen inseln.de) auf Burgazada bietet vier Apartments für zwei bis acht Personen. Drei davon liegen in einer stilvollen weißen historischen Villa mit Garten, eines gleich nebenan im Nachbargebäude.

Genießen   Erleben   Erfahren

Prinzenrolle

DuMont Aktiv

Bewegung an der frischen Luft – was für eine Wohltat nach den anstrengenden Besichtigungstagen in der Mega-Metropole. Auf der „Großen Insel", Büyükada, kann man Räder ausleihen und gemütlich zum Strand fahren. Fahrradverleiher, die den Pferdedroschken alter Tage inzwischen spürbar Konkurrenz machen, halten Mountainbikes bereit, gemütliche Hollandräder, die für die Hügel nicht taugen, und Tandems. Darauf sitzen lachende türkische Paare.

Radfahren scheint nicht zu den beliebtesten Disziplinen der Türken zu gehören. Wie auch? In Istanbuls aberwitzig steilen Gassen und vollen Straßen sind nicht einmal mutige Fahrradkuriere unterwegs.

Das Schöne an einer Radtour auf Büyükada ist gerade das Unspektakuläre: locker herumradeln, in die Pinien linsen, aufs Meer schauen oder einen Abstecher ins Strandbad im Osten der Insel machen. Am Ende des Tages kann man es dann Joachim Sartorius gleichtun, der ein Buch über die Prinzeninseln geschrieben hat und darin schildert, wie er sich zu einem letzten Kaffee niederlässt, weil ihn die „schiere Fülle von baklava, helva, lokum, von wahnwitzig bunt verzierten Törtchen" vor Verzückung geradezu zum Verweilen zwingt. Wohl dem, der zuvor schon ein paar Kalorien abgestrampelt hat.

Auf einen Blick

Am Hauptplatz von Büyükada, nur wenige Meter von der Fähranlegestelle entfernt, finden sich zahlreiche Fahrradverleiher, zum Beispiel: **Trek Büyükada**, Nisan Cad. 23, Tel. 0216 3 82 56 50, www.adalarbisiklet.com

Die Prinzeninseln, Joachim Sartorius' „zärtliches Buch über die Inseln vor Istanbul" (FAZ), erschien 2009 im Hamburger Mareverlag erschienen. Der in Tunis aufgewachsene Lyriker, Übersetzer und Publizist war zwei Jahrzehnte lang im diplomatischen Dienst in New York, Istanbul und Nikosia.

Unten und rechts: Gemütlich geht die Fahrt mit dem Rad ins Strandbad.

Zwischen den Welten

Istanbul hat nah am Wasser gebaut: Welch ein Segen für eine so gigantische Metropole: Im Süden liegt den Hügeln der Altstadt zu Füßen das Marmarameer, im Norden lockt das Schwarze Meer. Ferne Welten, zwischen denen der Bosporus auf höchst angenehme Weise Luft und Kühlung verschafft.

Am asiatischen Ufer des Schwarzen Meeres lockt Şile mit einem romantischen Blick auf die Reste einer genuesischen Burg.

Das Dorf Arnavutköy liegt nördlich von Ortaköy am europäischen Bosporusufer.

Zum Sprung ins kühle Nass lädt der ziemlich genau auf halber Strecke zwischen Marmarameer und Schwarzem Meer am europäischen Ufer gelegene Ausflugsort Emirgan ein.

Auch in Bebek, einem der beliebtesten Wohnorte am europäischen Bosporusufer, gibt es die typischen osmanischen Sommerresidenzen.

Arnavutköy ist berühmt für seine schönen historischen Holzhäuser, von denen viele derzeit restauriert werden.

„In Istanbul weiß man nicht, ob das Meer die Stadt in seinen Armen hält oder die Stadt das Meer."

Emine Sevgi Özdamar

Es kommt der Tag, da kann man nicht anders, da muss man raus aus der Stadt – vor allem aber rauf aufs Wasser. Was der Bosporus für Istanbul bedeutet, lässt sich kaum in Worte fassen. Die historische Dimension des Standortvorteils der auf einer Halbinsel gelegenen und deswegen jahrhundertelang leicht zu verteidigenden Stadt darf dabei durchaus vernachlässigt werden. Auch im Hier und Jetzt beschenkt der Bosporus die Stadt reichlich. Dabei wirkt er zunächst wie ein Hindernis, bremst den Verkehrsfluss: Die Pendler stauen sich bei Tag und Nacht auf den Brücken und Fähren. Als Schiffsstraße ist er zu klein geworden. Wie ein Wolfsrudel auf der Lauer liegen an der Ausfahrt aus dem Marmarameer riesige Frachter und warten auf ihr Zeitfenster, in dem sie durchstoßen dürfen zum Schwarzen Meer. Andererseits: Welch eine Wohltat ist der Bosporus zugleich! Wer in den Altstadtgassen, im Basar, im vollen Beyoğlu oder in den Hochhausschluchten von Nişantaşı unterwegs war, wieder und wieder, und dann plötzlich am Ufer der Wasserstraße steht, kann auf einmal frei atmen, den Blick weiten, zur Ruhe kommen. Das allein ist ein Geschenk für eine solche Megacity, ihre Besucher und Bewohner. Eine Fahrt auf dem Bosporus aber setzt dem Ganzen die Krone auf.

Am europäischen Ufer

Am Fähranleger Eminönü, auf der historischen Halbinsel, legen jene Ausflugsdampfer ab, die antizyklisch fahren, gegen den Pendlerstrom. Wenn die Pendler mit der Fähre aus den entfernteren Stadtvierteln im Zentrum angekommen sind, nehmen dort die Freizeitschiffe ihre Fracht lufthungriger Ausflügler an Bord. Am Kai fischen Männer mit Keschern Müll aus dem Hafenbecken – ungeniert wirft einer der Pendler in hohem Bogen die nächste leere Wasserflasche in den Bosporus. Der Müll, die Stadt und der Fluss. Auf dem Schiff beginnt ein kurzes Rennen zu den besten Plätzen ganz vorn an der Reling; jeder möchte alles sehen und den Fahrtwind genießen, jedenfalls zu Beginn der Fahrt. Eine Kleinfamilie aus Österreich nimmt umständlich Platz. In das lange, schon ergraute Haar des Vaters fährt der Wind hinein, der Mann sucht nach einem Gummi, um die Haare zusammenzubinden. „Schneid dir doch mal die Matte ab", meint sein Sohn, und der Vater verdreht die Augen. Davon gänzlich ungerührt ziehen schon die ersten prunkvollen Paläste am europäischen Ufer vorbei: Dolmahbaçe, Çırağan. Über den Letzteren schrieb Lady Mary Wortley Montague, die Frau des englischen Botschafters im Osmanischen Reich, in ei-

Die letzte, nördlichste Anlegestelle für Ausflugsschiffe auf der asiatischen Seite ist Anadolu Kavaği, einer der ursprünglichsten Orte am Bosporus.

Für die Fischer, die noch immer frühmorgens mit dem Boot hinausfahren, sind die wechselnden Strömungen des Bosporus ein Segen, denn diesen verdanken sie seinen Fischreichtum. Tagsüber nutzen sie die Zeit auch zum Netzeflicken.

Gerne treffen sich ganze Familien am Ufer des Bosporus zum gemeinsamen Grillen wie hier in Anadolu Kavaği.

Traditionelles Fischrestaurant direkt am Wasser in Anadolu Kavağı. Ein „Zufluchtsort für Schiffe und Menschen" sei der Bosporus, meinte der viel gereiste tschechische Schriftsteller Jan Neruda einmal, „ein einziger Lustgarten und ein wahres Paradies!"

Mythos Bosporus — Special

Der Bosporus, rund 30 Kilometer lang, an der engsten Stelle 660, an der weitesten 2500 Meter breit, ist eine der am meisten befahrenen Wasserstraßen der Welt. Seinen Namen verdankt der Bosporus dem Göttervater Zeus, der seine Geliebte Io in eine weiße Kuh verwandelte, um seine Gemahlin zu täuschen. Die aber schöpfte Verdacht und hetzte der Kuh eine Bremse auf den Leib – was diese zur Flucht durch die seither Bosporus, „Furt der Kuh", genannte Meerenge veranlasste.

Samstagmorgen auf dem Bosporus.

nem Brief aus dem Jahr 1717, er sei geradezu verschwenderisch mit Marmor, Gold und wunderbaren Malereien von Früchten und Blumen verziert – hier erlebe man „all die kostspielige Pracht, die man von einem Palast erwartet, der von einem jungen Mann errichtet wurde, der über den ganzen Reichtum eines großen Imperiums verfügt". Regiert wird hier zwar noch immer – Regent in dem zur Luxusherberge umgebauten Sultanspalast ist inzwischen jedoch der Gast. Und der ist bekanntlich König.

Was die schreibende Lady im 18. Jahrhundert noch nicht ahnen konnte, ist, wie sehr die Stadt seither ihre einstigen Grenzen sprengte, wie sie im doppelten Wortsinn über sich hinausgewachsen ist und ihr Antlitz bis heute veränderte. Wo Lady Montague noch einen herrlichen Wald an einem Hügel beschrieb, hebt sich heute der Blick und schweift in die gar nicht mehr so ferne Ferne zur „Istanbul-Skyline": Hochhausschluchten, Glitzerwelten, urbanes Utopia. Um ein Vielfaches überragen inzwischen auch hier am Ufer gläserne Profanbauten die schlanken Minarette der Moscheen. Eine davon ist besonders schön auf einem Landvorsprung vor der Ersten Bosporusbrücke gelegen: die „Große Imperiale Moschee" (Büyük Mecidiye Camii), besser bekannt als Ortaköy-Moschee. Der gern und häufig fotografierte Kontrast zwischen der kleinen Moschee und dem sie überragenden gigantischen Brückenpfeiler gibt ein sinnfälliges Bild ab für den Wandel der Stadt am Bosporus.

Lebensfreude und Glück

Die Ufer des Bosporus waren schon immer das klassische Naherholungsgebiet der Stadtbewohner. Besonders schwärmerisch geriet dem in den Jahren 1544 bis 1550 in Istanbul lebenden französischen Humanisten Pierre Gilles die Schilderung der europäisch-asiatischen Wasserscheide: „Auf beiden Seiten des Bosporus erheben sich mäßige Anhöhen mit waldreichen Tälern. Rebstöcke, Südfruchtbäume, Blumen und Kräuter stehen da in herrlicher Vermischung. Und von diesen Hügeln herab rinnen diesseits und jenseits an die dreißig klare Quellenbäche. Dies und die vielen Busen, welche der Bosporus bildet, machen die Gegend um denselben nicht bloß zu einer der wohnlichsten, sondern auch zu einer der schönsten."

Gilles vergaß auch nicht zu erwähnen, dass schon der griechische Sagenheld Jason „diese Gestade für einen Götteraufenthalt erklärt" habe. Nach den Göttern kamen die Osmanen, könnte man hinzufügen. Jedenfalls ihre hohen Würdenträger und andere feine Leute. Was diese an den Gestaden des Bosporus hinterließen, kann sich bis heute sehen lassen.

Fluchtpunkt Meeresstrand: Nur etwa dreißig Kilometer sind es vom Stadtzentrum Istanbuls bis nach Kilyos am europäischen Ufer des Schwarzen Meeres.

Sommer, Sonne, Strand(bad Solar Beach in Kilyos): Was will man mehr?

Kilyos erstreckt sich entlang einer weiten Sandstrandbucht und hat auch einen kleinen Fischerhafen. Der Ort ist von Istanbul gut erreichbar: mit dem Bus vom Taksim-Platz aus oder mit dem Schiff von Eminönü nach Sarıyer. Die letzten zehn Kilometer übernimmt dann der Dolmuş – das Sammeltaxi.

Der schönste Abschluss einer Bosporusfahrt zum Schwarzen Meer ist der Besuch eines der kleinen, oft provisorisch wirkenden Fischrestaurants wie hier am Hafen von Kilyos. Im letzten Glanz der untergehenden Sonne schmeckt der servierte Fisch gleich noch viel besser.

Yalı nennt man die an beiden Ufern stehenden osmanischen Sommerresidenzen: prächtige Holzvillen mit weit auskragendem Dach, direkt am Wasser erbaut. Mit eigenem Bootssteg und hohen Mauern, die neugierige Blicke von der Straße her abwehren. Heute gelten diese Sommerresidenzen wieder als interessante Restaurationsobjekte für Hoteliers und Privatiers. Als Orhan Pamuk ein Kind war, vor rund fünf Jahrzehnten, waren viele der Häuser verfallen. Dennoch verbindet auch der literarische Melancholiker Pamuk, dem in seiner Kindheit nach einem Keuchhusten vom Arzt verordnet worden war, er solle täglich am Bosporus frische Luft schnappen, die Meerenge „aufs Innigste mit Lebensfreude und Glück".

Futbol in der Krise
Ein Picknick am Bosporusufer ist eine feine Sache. Noch wichtiger kann am Wochenende aber etwas anderes sein: Fußball. Viele Kneipen in den Siedlungen zu beiden Seiten des Bosporus übertragen die Spiele. LigTV steht dann an den Lokalen angeschrieben – Liga-Fernsehen. Dabei steckt der türkische Fußball in einer schweren Krise. Als Beşiktaş Istanbul – einer von fünf Istanbuler Clubs, die in der Süper Lig, der obersten Liga, spielen – zuletzt 2011 Pokalsieger wurde, musste man die soeben gewonnene Trophäe im Juli desselben Jahres zurückgeben. Der türkische Fußball, allen voran die fünf Istanbuler Vereine, war in einen erschütternden Skandal um Spielmanipulationen verwickelt.

Mangelndes Fairplay
Aber nicht nur Beşiktaş scheint sich nicht an die Regeln des Fairplay gehalten zu haben – 19 Partien der ersten und zweiten Liga sollen in der Saison 2010/11 manipuliert worden sein. 93 Profis und Funktionäre mussten sich vor Gericht verantworten, 23 Spieler und Offizielle hatten in Untersuchungshaft gesessen. Fenerbahçe Istanbul, neben Galatasaray Istanbul der größte Rivale von Beşiktaş, wurde beschuldigt, sich den Gewinn der 18. Meisterschaft Ende Mai 2011 erkauft zu haben. Der Verein wurde deshalb von der Champions League ausgeschlossen.

In der Vergangenheit hatten Beşiktaş, Fenerbahçe und Galatasaray, die drei erfolgreichsten Teams in der Geschichte der 1959 ins Leben gerufenen Süper Lig, die Meisterschaft mehr oder weniger unter sich aufgeteilt. Die beiden anderen Erstligisten Istanbuls sind Kasımpaşa Spor Kulübü und der jüngste, erst 1990 vom damaligen Bürgermeister Nurettin Sözen als Fußballabteilung des Sportvereins Istanbul Büyükşehir Belediyespor gegründete Club. Letzterer wurde im Sommer 2014 unabhängig und tritt seither unter dem Namen Başakşehir Futbol Kulübü als Bezirksmannschaft des Stadtteils Başakşehir an.

Der Begeisterung der Fans und Zuschauer konnte der bis heute nicht ganz ausgestandene Skandal offenbar wenig anhaben. Auch prominente Spieler zieht es nach wie vor an den Bosporus, 2015 etwa Lukas Podolski zu Galatasaray und Mario Gomez zu Beşiktaş Istanbul.

Therapie für Künstler
Fast schon am Schwarzen Meer, in Tarabya, steht eine Ansammlung hübscher Yali, die der Bundesrepublik Deutschland gehören. Seit 2011 unterhält die Bundesregierung hier eine Kulturakademie, die der deutschen Botschaft in Ankara angegliedert ist und eng mit dem Goethe-Institut zusammenarbeitet. Das Grundstück am Bosporus hatte Abdulhamid II. 1880 dem Deutschen Reich zur diplomatischen Nutzung überlassen. Das einstige Fischerdorf war schon damals ein Erholungsort der gehobenen Istanbuler Gesellschaft; mehrere Botschafter ließen hier ihre Sommerhäuser errichten. Seit einigen Jahren kann man sich für ein Stipendium an der Akademie bewerben. Bei ihrem sechsmonatigen Aufenthalt sollen deutsche Künstler auch Kontakte zu türkischen Kollegen aufbauen – sicher nicht die schlechteste Form der Völkerverständigung.

INFOS & EMPFEHLUNGEN

BOSPORUS UND SCHWARZES MEER
112 – 113

Raus aus der Stadt!

Der Bosporus, die viel befahrene Wasserstraße zwischen dem Marmarameer und dem Schwarzen Meer, ist für Istanbul Naherholungsgebiet, Sommerflucht und historische Lebensader zugleich.

● **Am europäischen Ufer**

Erst bei einer Fahrt auf dem Bosporus zeigt sich die enorme Schönheit seiner Ufer. Auf der europäischen Seite stehen noch einige Sommervillen, heute begehrte Residenzen.

SEHENSWERT/MUSEUM
Im Vorort ❶ **Beşiktaş** sind ein Denkmal und die Türbe von Hayrettin Paşa zu sehen, der unter Süleyman dem Prächtigen Admiral war. Im **Yıldız-Park** (Sternenpark), einer beliebten grünen Oase, befinden sich eine kleine Moschee, eine Türbe mit elf Sarkophagen und der Ende

Eine paradiesisch anmutende Zuflucht im Grünen bietet der Emirgan-Park, oben mit dem Gelben Pavillon (Sari Köşk). Rechts: Zuckerbäckerkunst, freundlich kredenzt im Café Divan.

Tipp

So weit die Wellen tragen

Bosporusfahrten TOPZIEL werden von verschiedenen Reedereien angeboten. Die üblichen Linienschiffe eignen sich dafür nicht. Die bringen morgens die Pendler nach Eminönü – und abends zurück –, während Ausflügler ja in der Regel morgens raus aus der Stadt wollen. Am günstigsten fährt man mit der städtischen Schiffsgesellschaft (www.sehirhatlari.com.tr); deren Schiffe tgl. um 10.35 Uhr ablegen und bis nach Anadolu Hisarı fahren. Zwei Stunden später geht es wieder zurück.

INFORMATION
Lüfer Tekneler Grubu, Beşiktaş, Çamlıbahçe Mah., Bebek Cad. 15, Tel. 0212 229 64 64, www.lufer.com.tr

des 19. Jh. erbaute Yıldız Sarâyı (Sternenpalast) (Tel. 0212 259 89 77; tgl. außer Mo. und Do. 9.30 bis 17.00, im Winter bis 16.00 Uhr, Zugang nur von der Straße aus, nicht vom Park). In der ehemaligen Tischlerwerkstatt untergebracht ist das **Schlossmuseum** (Yıldız Sarayı Müzesi, Barbaros Blv./Serencebey Ykş. 62, Tel. 0212 2 58 30 80, www.yildizsarayi.com.tr; tgl. 9.00–18.00, im Winter nur bis 16.00 Uhr). Nördlich des **Marinemuseums** (Deniz Müzesi, Hayrettin İskelesi Sk., Tel. 0212 327 43 45, www.denizmuzeleri.tsk.tr; Mi.–So. 9.00–17.00 Uhr) steht der ehemalige **Çırağan** (Sultanspalast), heute eines der luxuriösesten Hotels Istanbuls.
Im hübschen ❷ **Ortaköy** finden sich Cafés am Ufer und die zierliche, 1854 erbaute **Ortaköy-Moschee**, die seit 1973 von der ❸ **Ersten Bosporusbrücke** (Boğaz Köprüsü) überragt wird. Beim Fischerdorf ❹ **Arnavutköy**, von albanischen Siedlern gegründet, hat der Bosporus seine tiefste Stelle (124 m). Im Dorf stehen noch viele Holzhäuser. In ❺ **Bebek** findet man auch noch prächtige osmanische Sommervillen (Yalı). Zudem ist das Dorf für seine Zuckerbäcker bekannt. Die ❻ **Rumelische Festung** (siehe Abb. nächste Seite, Rumeli Hisarı, Sarıyer, Yahya Kemal Cad. 42, Tel. 0212 2 63 53 05; Do.–Di. 9.00–18.00 Uhr) ließ Mehmet II. Fatih 1451 errichten. Hier an der engsten Stelle

des Bosporus bereitete er die Eroberung Konstantinopels zwei Jahre später vor. Die mächtige Wehranlage besteht aus 3 großen und 13 kleinen Rundtürmen und hat bis zu 7 m dicke Schutzmauern. In der Nähe gibt es auch moderne Kunst zu sehen, und zwar im **Borusan Contemporary** (Sarıyer, Balta Limanı Hisar Cad. 5, Tel. 0212 3 93 52 00, www.borusancontemporary.com; Sa./So. 10.00–20.00 Uhr). Die ❼ **Zweite Bosporusbrücke** (Fatih Sultan Mehmet Köprüsü) wurde 1988 eröffnet. Im idyllischen ❽ **Emirgan** hat der Industrielle Sakip Sabanci ein bedeutendes **Museum für Kunst und Kalligrafie** gestiftet, das in einer weißen Villa Besuchern offen steht (Sakıp Sabancı Müzesi, Sakıp Sabancı Cad. 42, Tel. 0212 2 77 22 00, www.sakipsabancimuzesi.org; Di., Do.–So. 10.00 bis 18.00, Mi. bis 20.00 Uhr). Sultan Abdulhamid II. schenkte 1880 dem Deutschen Reich in ❾ **Tarabya** ein großes Grundstück zur diplomatischen Nutzung; dort entstand die Som-

INFOS & EMPFEHLUNGEN

merresidenz der deutschen Botschaft, eine Ansammlung weißer Holzvillen. Seit 2012 ist die Villa Tarabya eine Kulturakademie nach Art der Villa Massimo in Rom. In den historischen Gebäuden arbeiten von einer unabhängigen Jury ausgewählte Künstler aller Sparten, ausgestattet mit Stipendien für drei bis zehn Monate (www.tarabya.diplo.de). An der breitesten Stelle des Bosporus liegt das Ausflugsziel ⑩ **Büyükdere**. Im dortigen **Sadberk-Hanim-Museum** (Piyasa Cad. 27–29, Tel. 0212 2 42 38 13-14, www.sadberkhanimmuzesi.org.tr; Do.–Di. 10.00–17.00 Uhr) ist seit 1980 eine der Sammlungen der Industriellenfamilie Koç ausgestellt. Zu sehen sind archäologische Fundstücke, osmanische Kunst und İznik-Kacheln.

UNTERKUNFT
Das 2011 in einem Gebäude von 1890 eröffnete € € € / € € € € **The House Hotel** (Ortaköy, Salhane Sk. 1, Tel. 0212 327 77 87, www.thehousehotel.com) liegt direkt am Fähranleger, bei der Moschee unterhalb der Bosporusbrücke.
Im € € € € **Çırağan Palace Kempinski** (Beşiktaş, Çırağan Cad. 32, Tel. 0212 326 46 46, www.

Ein Tag am Meer: Strandleben bei Kilyos, quasi ein „Vorort" von Istanbul (oben). Rechts oben: osmanische Pracht im Beylerbeyi-Palast. Rechts unten: Keine Speisen ohne frohe Weisen (in Kilyos).

kempinski.com/de/istanbul) logiert man direkt am Ufer des Bosporus. Hier kann man sich verwöhnen lassen wie einst der Sultan – wenn man über die entsprechende Reisekasse verfügt. Das Gästehaus € € / € € € **1001 Istanbul** (Sariyer, Topçu Karakol Sk. 21, Tel. 0212 271 33 26, www.1001-istanbul.de) ist ein denkmalgeschütztes Holzhaus im osmanischen Stil. In ruhiger Hanglage in Büyükdere, umgeben von viel Grün, bietet es einen schönen Blick auf den Bosporus.

SHOPPING
Jeden So. gibt es in Ortaköy einen Kunsthandwerksmarkt mit angenehmer Atmosphäre, direkt bei der hübschen Ortaköy-Moschee.

RESTAURANT
In Ortaköy am Ufer wird gern **Kumpir** gegessen: gefüllte Ofenkartoffeln (siehe S. 99). Im Traditionslokal € € € **Kıyı** in Tarabya (Kefeliköy Cad. 126, Tel. 0212 262 00 02, www.kiyi.com.tr; tgl. 12.00–24.00 Uhr) bekommt man Fleischgerichte mit Bosporusblick serviert. Und wer nicht nur Kebap möchte, der kann in der € € € **Kitchenette** (in Ortaköy am Bootsanleger, Tel. 0212 236 96 48, www.kitchenette.com.tr) zum Beispiel Tagliatelle mit Lachs essen.

> **Tipp**
>
> ## Ganz lecker!
>
> Das ist der **leckerste Joghurt** Istanbuls: Beim Halt in ⑬ **Kanlıca** verkaufen junge Männer die Becher für wenig Geld – sie werden ihnen regelrecht aus der Hand gerissen. Dazu gibt es einen Plastiklöffel und Puderzucker. Man sollte sich am besten gleich zwei Päckchen Zucker geben lassen. Der Joghurt hat eine feste Haut, darauf streut man das erste Päckchen. Das zweite wird dann untergerührt. Und? Lecker!

● Am asiatischen Ufer

Auf der asiatischen Seite wartet am einen Ende des Bosporus eine Burg und am anderen Ende ein Sommerpalast.

SEHENSWERT/MUSEUM
In ⑪ **Anadolu Kavağı** legen die meisten Ausflugsschiffe eine längere Pause ein. Da lohnt sich der Aufstieg zur **Burgruine** (Yoros kalesi, siehe Aktiv-Tipp rechts). Im 14. Jh. übernahmen die Genueser die von Byzantinern errichtete Festung. Im Hafen gibt es viele Fischrestaurants. Über ⑫ **Beykoz**, das in einer größeren Bucht liegt, erhebt sich der 195 m hohe Yusa Tepesi, eine wichtige Landmarke für die durchfahrenden Schiffe. Auf dem Gipfel steht eine Moschee mit dem sogenannten Grab des Riesen Josua. Der kleine Ort ⑬ **Kanlıca** liegt fast unter den Pfeilern der nach dem Eroberer Konstantinopels auch Fatih-Sultan-Mehmet-Brücke genannten **Zweiten Bosporusbrücke**. Weiter südlich davon findet sich das Gegenstück zur Rumelischen Festung auf der europäischen Seite: Die ⑭ **Anatolische Festung** (Anadolu Hisarı, Tel. 0216 2 65 04 10, Do.–Di. 9.00–16.30 Uhr) wurde gegen Ende des 14. Jh. errichtet. In Küçüksu steht der luxuriöse, ganz aus weißem Marmor errichtete osmanische Ausflugspalast **Küçüksu Kasrı** (Anadolu Hisarı, Beykoz, Tel. 0216 3 32 33 03; März–Sept. tgl. außer Mo. und Do. 9.00–17.00, sonst bis 16.00 Uhr). Die schönste Sommerresidenz auf dieser Uferseite ist der im Jahr 1865 fertiggestellte ⑮ **Beylerbeyi-Palast** (Beylerbeyi Sarayı, Üsküdar, Abdullahağa Caddesi, Tel. 0216 3 21 93 20, www.millisaraylar.gov.tr; tgl. außer Mo. und Do. 9.00–17.00 Uhr), nörd-

Links: Errichtet wurde die gewaltige Festung Rumeli Hisarı im Jahr 1452, etwa neun Monate vor der Eroberung Konstantinopels, im Auftrag von Sultan Mehmet. II. Fatih, der den Byzantinern den Nachschub abschneiden wollte.

lich unter der (Beşiktaş und Üsküdar verbindenden) Ersten Bosporusbrücke versteckt.

RESTAURANT
Gleich am Ufer, nahe der Ersten Bosporusbrücke, findet man einige hübsche Lokale wie das € € € **Beylerbeyi İskele Restaurant** (Beylerbeyi İskele Cad. 13, Tel. 0216 4 22 22 29, www.beylerbeyiiskelerestaurant.com).

● Am Schwarzen Meer

Die letzten Kilometer entlang des Bosporus sind militärisches Sperrgebiet bis zum Schwarzen Meer. Dann aber öffnet sich das gewaltige Wasser, das Meer des Ostens, das im Türkischen Kara Deniz heißt.

SEHENSWERT/MUSEUM
Das Seebad **Kilyos**, etwa 30 km nördlich von Istanbul am europäischen Ufer gelegen, ist im Sommer ein beliebtes Ausflugsziel der Istanbuler. Es war einstmals ein Fischerdorf, hat aber auch einen großen, sauberen Sandstrand. Am Wochenende kann es recht überlaufen sein. Das Baden ist nicht ungefährlich, es gibt starke Strömungen. Schön ist die Anfahrt (mit dem Sammeltaxi) über einen Pass zwischen Sariyer und Kilyos mit Blick auf den Bosporus. Das Pendant dazu auf der asiatischen Seite ist der Ort ⑰ **Şile**, der mit den Ruinen einer genuesischen Burg aufwarten kann. Schöne Strände gibt es auch hier, aber die Strömung ist nicht weniger gefährlich. ⑱ **Akcakoca**, ein Küstenstädtchen mit einigen Hotels, liegt schon recht weit im Osten. Umgeben ist der Ort von Haselnusshainen, in denen zwei Drittel der gesamten türkischen Produktion an Haselnüssen geerntet werden.

UNTERKUNFT
Im € € / € € € **Fener Motel** (Şile, Balibey Mah. Ağlayankaya Cad. 18, Tel. 0216 711 28 24, www.fenermotel.com) gibt es einen großen Pool. So kann man am Strand sonnenbaden und im Pool auf ungefährliche Weise schwimmen.

> **Tipp**
>
> ## Ganz f(r)isch!
>
> Fischrestaurants gibt es viele in Anadolu Kavağı. Am schönsten ist der Blick zurück auf Istanbul nicht am Hafen, sondern im etwas oberhalb gelegenen **Yoros-Café**. Zwar hat das Terrassenrestaurant auch eine Filiale am Hafen, aber die unterscheidet sich kaum von den vielen anderen Fischrestaurants in den kleinen Orten am Bosporus.
>
> **INFORMATION**
> Feneryolu Cad./Caferbaba Sk. 60,
> Tel. 0216 3 20 21 48,
> http://yoroscaferestaurant.com

BOSPORUS UND SCHWARZES MEER

Genießen   Erleben   Erfahren

Wandern auf die Burg

DuMont Aktiv

Etwa zwei Stunden machen die Ausflugsschiffe in Anadolu Kavağı Pause. Zeit genug, um eine kleine Wanderung auf den Burgberg zu unternehmen: Der ausgeschilderte Weg führt an den belebten Restaurants am Hafen vorbei, durch den Ort und dann schnell ins Hinterland. Man spaziert über Terrassen, alles ist grün, etwas Landwirtschaft, einige Hühner, Granatapfelbäume. In Serpentinen geht es den Burgberg hinauf, immer quer über die Terrassen der Ausflugsrestaurants, wo Kellner die Tische eindecken.

Logenplatz im Grünen: Die heute halb verfallene Yoros-Burg wurde im 13. Jahrhundert aus groben Steinquadern und Ziegeln angelegt. Wer sich umdreht, erkennt in der Ferne die Skyline Istanbuls. Der schönste Blick aber, der sich hier oben bietet, zeigt auch den Grund für das Entstehen der Burg mit ihren wuchtigen Zwillingsrundtürmen: Vor unseren Augen öffnet sich das Schwarze Meer. Um die Zufahrt zu kontrollieren, war der Hügel bestens geeignet. Heute wird er zu einem Sehnsuchtsort vor den Toren Istanbuls.

Der kleine Burgplatz füllt sich, Hunde räkeln sich, Katzen betteln um Futter. Übrigens müssen in islamischen Ländern Katzen nie umsonst betteln – sie bekommen immer etwas. Denn der Legende nach hat eine Katze Mohammed vor einer Schlange gerettet.

Wer unten im Kiosk etwas eingekauft hat, kann nun hier oben Picknick machen. Andere kehren unten im Ort in eines der Fischrestaurants ein. Es folgt das Restprogramm: essen, shoppen – und auf die Abfahrt des Schiffes warten. Auf der Rückfahrt schlafen die meisten unter Deck, aneinandergelehnt und erschöpft wie nach einem langen Arbeitstag.

Weitere Informationen

www.istanbul.com/en/explore/info/where-green-meets-with-blue-anadolu-kavagi

Wie wär's auf dem Rückweg von der Burg (unten) mit einem Fisch am Hafen (oben)?

Nostalgisch, praktisch, gut: Tramvay Istanbul (oben). Rechts oben: Frühstücksgedeck im Café Sütiş in Emirgan. Darunter: Aussichtsplattform am nordwestlichen Ende des Goldenen Horns.

Service

Praktische Informationen für die Reise und einiges Wissenswerte über „eine der coolsten Städte der Welt" („Newsweek") – und die einzige, in der man in weniger als einer halben Stunde von Europa nach Asien fährt.

Anreise

Einreisebestimmungen: Deutsche und Schweizer können bei einem Aufenthalt bis zu 90 Tage visumfrei, mit gültigem Personalausweis/gültiger Identitätskarte oder mit dem Reisepass einreisen. Wer auf dem See- oder Landweg einreist, braucht auf jeden Fall einen gültigen Reisepass. Der Pass muss noch über mindestens eine leere Seite verfügen. Österreicher dürfen grundsätzlich nur mit Reisepass einreisen. Ihr Visum für Urlaubs- und Geschäftsreisen müssen sie seit 2014 vor Reisebeginn online beantragen und ausdrucken (www.evisa.gov.tr). **Kinder** benötigen einen eigenen Kinderreisepass, Kinder über 12 Jahren einen Personalausweis oder elektronischen Reisepass.

Mit dem Flugzeug: Der Flughafen **Atatürk Hava** Limani (www.ataturkairport.com) liegt im europäischen Teil, ca. 18 km westlich des Stadtzentrums. Er wird u. a. von Turkish Airlines (www.turkishairlines.com), Lufthansa (www.lufthansa.com) und AirBerlin (www.airberlin.com) angeflogen. Von dort gibt es mehrere Möglichkeiten, in die Innenstadt zu kommen. Der Flughafenbus fährt direkt am Ausgang des Ankunftsschalters ab (www.havas.net; tgl. 4.00–1.00 Uhr im Halbstundentakt) und braucht je nach Verkehrsaufkommen etwa eine halbe Stunde bis zum Taksim-Platz. Eine Fahrt kostet umgerechnet ca. 5 €. Auch Taxis halten direkt vor dem Flughafen, die Fahrt zum Taksim-Platz kostet gut 22 €, bei Stau bis zu 40 €. Außerdem kann man öffentliche Verkehrsmittel nutzen. Am besten kauft man sich am Flughafen – es gibt einen eigens dafür eingerichteten Kiosk beim U-Bahn-Eingang – die Istanbulkart, eine wieder aufladbare Karte für alle Verkehrsmittel. Sie kostet 7 TL, aber die Fahrten sind damit etwas günstiger als mit einzelnen Tickets. Busse akzeptieren nur die Karte. Mit der „Hafif Metro" (gut ausgeschildert) fährt man bis Aksaray (35 Min.), dort wechselt man in die Tram, die einen in die Altstadt (Sultanahmet, Eminönü) oder nach Beyoğlu bringt. Zum Galataturm fährt man bis Karaköy und dann mit der Tünelbahn; zum Taksim-Platz mit der Tram bis Kabataş und von dort weiter mit der unterirdischen Standseilbahn Fünikuler bis Taksim. Vom Flughafen bis Taksim muss man ca. 1 Std. rechnen. Der zweite Flughafen, **Sabiha Gökçen Uluslararası Havalimanı** (www.sabihagokcen.aero), liegt auf der asiatischen Seite, 30 km östlich von Üsküdar. Er wird vor allem von Billig-Airlines angeflogen. Preiswerte Flüge gibt es mit Germanwings (www.germanwings.com), Pegasus Airline (www.flypgs.com), Sun Express (www.sunexpress.com) oder Condor (www.condor.com) von verschiedenen deutschen Flughäfen aus. Dabei sollte man allerdings beachten, dass die sehr günstigen Flüge oft zu äußerst ungünstigen Zeiten liegen, also mitten in der Nacht. Auch vom Sabiha-Gökçen-Flughafen verkehren Busse (www.havas.net, auch auf Englisch); eine Fahrt kostet ca. 5 €. Mit dem Taxi zahlt man bis Taksim etwa 28 €. Zum Flughafen kostet das Taxi rund 10 € mehr, da die Bosporusbrücke in diese Fahrtrichtung (nach Asien) gebührenpflichtig ist. Für die Fahrt zum Flughafen – das gilt für beide Airports – sollte man wegen des Straßenverkehrs sehr viel Zeit einplanen. Es empfiehlt sich, tagsüber etwa 4 Std. vor Abflug vom Hotel in der Innenstadt aufzubrechen.

Mit dem Auto: Man muss schon wirklich gute Gründe haben, um mit dem Auto nach Istanbul zu fahren. Die kürzeste Verbindung führt durch das ehemalige Jugoslawien, das sind 1800 km. Über Österreich, Ungarn, Rumänien und Bulgarien sind es 2100 km. Von Italien aus kann man mit der Fähre übersetzen (www.cemar.it). Ist man angekommen, gehen die Probleme erst los – Istanbul steht kurz vor dem Verkehrsinfarkt, vor allem die Innenstadt. Das sollte man sich wirklich nicht antun, hier benötigt man Stunden selbst für eine kurze Fahrtstrecke.

Mit dem Bus: Die Deutsche Touring (www.eurolines.de/de/busticket/bus/Dortmund/Istanbul) bietet wöchentlich Verbindungen im Linienverkehr Dortmund – Istanbul an. Auch andere deutsche Städte werden angefahren. Die Fahrt dauert rund 2 Tage und kostet ab Dortmund 184 €.

Mit der Bahn: Der nostalgische Venice-Simplon-Orient-Express verkehrt zwischen Paris und Istanbulverkehrt zwischen Paris und Istanbul. Ein Platz in der Doppelkabine kostet 7130 €, im Suiteabteil 13 200 € – die Nostalgie hat durchaus ihren Preis.

Unter sieben Schichten Putz entdeckten Restauratoren in der Hagia Sophia dieses Engelsgesicht.

Feiertage

Nationale Feiertage
1. Januar: Neujahrstag
23. April: Tag der nationalen Unabhängigkeit und Tag der Kinder
19. Mai: Tag der Jugend und des Sports
30. August: Tag des Sieges
29. Oktober: Tag der Republik
Religiöse Feste
Beginn des Ramadan 2016: 6. Juni
Beginn des Zuckerfestes 2016: 7. Juli
Beginn des Opferfestes: 2016: 12. Sept.

Geld

Im Umlauf befinden sich **Banknoten** zu 5, 10, 20, 50, 100 und 200 Türkische Lira (TL).
Wechselkurs: 1 TL = ca. 0,33 € / 0,35 CHF; 1 € = ca. 3,03 TL, 1 CHF = ca. 2,84 TL.
Bankautomaten (bankamatik) finden sich überall in der Stadt.

Gesundheit

Reisende aus Deutschland, Österreich und der Schweiz können sich im Notfall in staatlichen Hospitälern mit der Europäischen Krankenver-

Auskunft

Die sechs **Tourismusinformationen** in Istanbul sind unter www.istanbultrails.com („City Trips"/„Hotel & Area Guide") verzeichnet. Die Auskünfte, die man in den Büros erhält, sind jedoch meist dürftig. Mehr als ein Stadtplan liegt in der Regel nicht aus, Fragen können kaum beantwortet werden.
Je nach Interessenlage können hilfreich sein:
www.goturkey.com: offizielles Tourismusportal der Türkei.
http://istanbul-tourist-information.com: seit 2012 bestehende deutschsprachige Seite, die Reisende umfassend und aktuell informiert.
www.theguideistanbul.com: gute Seite zum Thema Lifestyle, Ausgehen, Entertainment.
http://howtoistanbul.com: englischsprachig, informativ.
www.spottedbylocals.com/istanbul: Tipps von Insidern und Einheimischen (auf Englisch).
www.hurriyetdailynews.com: die englische Ausgabe der türkischen Tageszeitung.
Deutsches Generalkonsulat (Alman Başkonsolosluğu): Gümüşsuyu Mah., İnönü Cad. 10, Tel. 0212 334 61 00, www.istanbul.diplo.de
Österreichisches Generalkonsulat: Sarıyer, Yeniköy Mah., Köybasi Cad. 46, Tel. 0212 363 84 10, www.bmeia.gv.at/botschaft/istanbul/das-generalkonsulat/oesterreichische-stellen-im-amtsbereich.html
Schweizer Generalkonsulat: Şişli, Esentepe Mah., Büyükdere Cad. 173, 1. Levent/Plaza A/Blok 3, Tel. 0212 283 12 82, www.eda.admin.ch/istanbul

Bus und Bahn

Die städtischen Linienbusse (IETT, www.iett.gov.tr) sind gut organisiert, man kommt damit in der ganzen Stadt herum. Dringend empfiehlt sich der Kauf der bereits bei Anreise erwähnten **Istanbulkart** für rund 2 €. Sie gilt für alle öffentlichen Verkehrsmittel, und man kann sie immer wieder aufladen.
Die **Straßenbahn** (Tramvay) fährt durch Sultanahmet über die Galatabrücke, am Bosporus entlang bis nach Kabataş. Dort kann man in die **Fünikuler** (unterirdische Standseilbahn, F 1) zum Taksim-Platz umsteigen. Die **Hafif Metro** fährt von Aksaray bis zum Atatürk-Flughafen, die **Metro M 1** vom Taksim-Platz ins Hochhausviertel Levent. Die **Marmaray-Bahn** fährt unter dem Bosporus durch und bedient derzeit fünf Stationen, von Kazlıçeşme auf der europäischen Seite bis Ayrılık Çeşmesi in Kadıköy. Die ältesten Bahnen sind die Standseilbahn **Tünel** von Karaköy nach Beyoğlu und die **historische Straßenbahn**, die durch die Fußgängerzone von Tünel zum Taksim-Platz rattert. Die **Vorortbahn** der staatlichen Eisenbahngesellschaft empfiehlt sich für weitere Strecken außerhalb.

Daten & Fakten

Geografische Lage: Istanbul liegt auf Hügeln zu beiden Seiten des Südausgangs des Bosporus sowie am Marmarameer, am Schnittpunkt des Seewegs durch die Meerengen vom Schwarzen Meer zum Mittelmeer mit dem Landweg von der Balkanhalbinsel nach Kleinasien. Zum Stadtgebiet gehören auch die der asiatischen Küste vorgelagerten Prinzeninseln im Marmarameer. Einen besseren Platz für eine Stadtgründung konnte man sich im Altertum kaum denken. Das Goldene Horn bildete einen riesigen Naturhafen, und die Halbinsel lag strategisch günstig: noch im Einflussbereich Roms, aber auch unweit von Euphrat und Tigris. Der historische Bereich von Istanbul gehört zum UNESCO-Welterbe.
Einwohnerzahl: Ende 2015 lebten in Istanbul mehr als 14 Mio. Menschen – offiziell. Tatsächlich sind es wohl 17 Mio., und der Zuzug reißt nach wie vor nicht ab.
Fläche/Bevölkerungsdichte: Die Fläche der Stadt beträgt 1830,92 km², die der Metropolregion 5461 km². Bezogen auf die offizielle Einwohnerzahl liegt die Bevölkerungsdichte bei 2633 Einw./km².
Religion: Der Islam ist nicht Staatsreligion, aber nur rund 1 % aller in der Türkei lebenden Menschen sind nicht muslimisch. In Istanbul sind es etwa 2 %.
Staats- und Regierungsform: Die Türkei ist nach der Verfassung von 1982 eine laizistische Republik mit Direktwahl des Staatsoberhaupts alle 5 Jahre sowie Wahlen zur Großen Nationalversammlung (Türkiye Büyük Millet Meclisi, 550 Mitglieder) alle 4 Jahre.
Verwaltung: Istanbul gliedert sich in 39 Stadtteile. Der seit 2004 amtierende, in den Jahren 2009 und 2014 wiedergewählte Bürgermeister Kadir Topbaş ist Mitglied der AKP (Adalet ve Kalkınma Partisi, Partei für Gerechtigkeit und Entwicklung).
Wirtschaft: In den vergangenen drei Jahrzehnten wuchs das türkische Bruttoinlandsprodukt (BIP) im Schnitt um 5 % im Jahr. Sowohl das jährliche Haushaltsdefizit von aktuell 1,2 % des BIP wie auch die Gesamtschuldenquote von 36 % liegen deutlich unter der Maastricht-Schwelle. Die Türkei boomt weiterhin, insbesondere in der Stadt am Bosporus. Diese Wirtschaftskraft und der Bevölkerungszuwachs brauchen Energie – hier setzt die Türkei trotz bekannter Risiken auf Atomkraft. 2010 wurde mit Russland ein Abkommen zum Bau des ersten Atomkraftwerks der Türkei unterzeichnet. Umstritten ist dieser Bau nicht nur wegen der grundsätzlichen Gefährlichkeit der Atomenergie, sondern auch wegen der Erdbebenhäufigkeit in der Region: Keine 20 km vor der Küste Istanbuls treffen im Marmarameer die europäische und die anatolische Platte aufeinander (nordanatolische Verwerfung).

Oben: Grand Hotel de Londres in Beyoğlu. Rechts: im Babylon (unweit der İstiklal Caddesi).

Geschichte

660 v. Chr.: Dorische Siedler gründen eine Stadt am Goldenen Horn, die sie „Byzantion" nennen.
330: Gründung Konstantinopels
408–450: Befestigung der Stadt unter Theodosius II.
527–565: Unter Justinian erfährt das Byzantinische Reich seine größte Ausdehnung.
1054: Großes Schisma: die Trennung von griechisch-orthodoxer und römisch-katholischer Kirche
1453: Mehmet II. Fatih erobert die Stadt.
1454: Konstantinopel wird Hauptstadt des Osmanischen Reiches.
1683: Die scheiternde Belagerung Wiens markiert den Untergang des Osmanischen Reiches.
1923: Mustafa Kemal Paşa, genannt Atatürk, proklamiert am 29. Oktober die Republik und macht Ankara zur Hauptstadt des Landes.
1923–1938: Atatürk reformiert die Türkei.
1950: Adnan Menderes kommt an die Macht. 1961 wird er hingerichtet.
1955: Pogrom von Istanbul am 6. September. Als Folge der gewalttätigen Ausschreitungen gegen die griechische Minderheit Istanbuls verlassen fast alle Juden, Griechen und Armenier die Stadt.
1956–1959: Einer umfassenden Stadtsanierung fallen ganze Wohnviertel zum Opfer.
1999: Das Erdbeben von Gölcük am 17. August fordert auch in Istanbul fast 1000 Tote.

2003: Recep Tayyip Erdoğan (AKP), ehemals Oberbürgermeister von Istanbul, wird türkischer Ministerpräsident.
2005: Beginn der EU-Beitrittsverhandlungen
2007: Im Januar wird der armenisch-türkische Journalist und Zeitungsherausgeber Hrant Dink in Istanbul auf offener Straße ermordet.
2010: Istanbul ist mit Essen und dem ungarischen Pécs Kulturhauptstadt Europas.
2011: Im März wird der Journalist Ahmet Sik festgenommen, zusammen mit zehn weiteren Autoren. Menschenrechts- und Presseorganisationen protestieren dagegen. Die Parlamentswahlen im Juni gewinnt die konservative AKP, zum dritten Mal in Folge.
2013: Der Marmaray-Tunnel unter dem Bosporus wird eröffnet.
2014: Im Februar geht die Metro-Brücke über das Goldene Horn in Betrieb. Im August wird Recep Tayyip Erdogan erster direkt gewählter Staatspräsident der Türkei. Außenminister Ahmet Davutoğlu folgt ihm als Ministerpräsident und AKP-Chef nach.
2015: Die Wahl zur Nationalversammlung im Juni endet mit Stimmenverlusten der islamisch-konservativen AKP, die seit 2002 mit absoluter Mehrheit das Land regiert. Mit der HDP schafft erstmals eine Partei der kurdischen Minderheit die Zehn-Prozent-Hürde. Da in der verfassungsmäßig vorgesehenen 45-Tage-Frist keine Regierung gebildet werden kann, werden Neuwahlen für den 1. November angesetzt.

sicherungskarte (EHIC) ihrer Kasse behandeln lassen. Arztbesuche müssen immer bar bezahlt werden (detaillierte Rechnung für die Erstattung im Heimatland verlangen). Eine Ärzteliste mit Angabe der Fremdsprachenkenntnisse findet sich auf der Website des deutschen Generalkonsulats (www.tuerkei.diplo.de/content blob/4202854/Daten/5660665/aerztelisteistanbul.pdf). Generell empfiehlt sich der Abschluss einer Reisekrankenversicherung, in der auch ein medizinischer Rücktransport enthalten ist.
Österr. St.-Georg-Krankenhaus (Avusturya Sen Jorj Hastanesi): Karaköy, Bereketzade Medresesi Sk. 7, Tel. 0212 2 92 62 20, www.sjh.com.tr
Academic Hospital: Üsküdar, Nuh Kuyusu Cad. 94, Tel. 0216 6 51 00 00, www.academichospital.com.tr
Amerikanisch. Krankenhaus: Nişantaşı, Güzelbahçe Sk. 20, Tel. 0212 444 37 77, www.amerikanhastanesi.com.tr

Hotels/Unterkunft

Preiskategorien

€€€	Doppelzimmer	über 150 €
€€	Doppelzimmer	70–150 €
€	Doppelzimmer	bis 70 €

In den letzten Jahren verzeichnete die Stadt bis zu 10 Mio. Gäste. Im Frühjahr und Spätsommer/Herbst steigen die Preise. Auch zu Weihnachten und Silvester ist Istanbul ein beliebtes Reiseziel. Dennoch: Ein bezahlbares Zimmer wird man in der Regel immer finden. Ausgewählte Unterkünfte werden auf den Infoseiten der jeweiligen Kapitel vorgestellt. Dabei gelten die obigen Preiskategorien.

Literaturempfehlungen

Aslan, Rüstem u. a.: Byzanz, Konstantinopel, Istanbul. Bildband mit informativen Texten. Die Autoren sind Historiker oder Archäologen.
Genazino, Wilhelm (Hrsg.): Istanbul, „sterbende Schöne" zwischen Orient und Okzident? Ein sehr schön gemachtes Magazin in Buchform. Leider nur noch antiquarisch erhältlich.
Klobouk, Alexandra: Istanbul, mit scharfe Soße? Reizendes Bilderbuch über erste Gehversuche in der großen Stadt. Auch der Text auf Deutsch und Türkisch ist von der jungen Illustratorin.
Levi, Mario: Istanbul war ein Märchen. Levi, Jahrgang 1957, beschreibt die Stadt seiner Kindheit und erzählt vom Miteinander der Kulturen, von Juden, Griechen, Armeniern, und Türken.
Mak, Geert: Die Brücke von Istanbul. Eine Reise zwischen Orient und Okzident. Eine literarische Reportage über die Galatabrücke, klarsichtig, anrührend, besonders lesenswert.
Özdamar, Emine Sevgi: Die Brücke vom Goldenen Horn. Die Autorin beschreibt in ihrem

autobiografischen Roman das Leben einer jungen Türkin, die im Jahr 1966 nach Berlin kommt. In einer Fabrik will sie das Geld für ihre Schauspielausbildung verdienen. Zurück in Istanbul, wohnt sie bei ihren Eltern auf der asiatischen Seite, fährt aber immer wieder ins europäische Istanbul, um ihren Traum zu verwirklichen, Schauspielerin zu werden.
Pamuk, Orhan: Cevdet und seine Söhne. Pamuks Debütroman von 1982 ist erst 2011 auf Deutsch erschienen. Ein Familienroman über drei Generationen, der 1905 in Istanbul beginnt und – auch – den Weg der Türkei vom Osmanischen Reich in die Moderne beschreibt.
Salm-Reifferscheidt, Laura/Stipsicz, Moritz (Fotografien): Die Basare Istanbuls. Der opulente Bildband mit vielen Hintergrundreportagen zur Geschichte, Gegenwart und Bedeutung der Basare ist nur noch antiquarisch oder in Bibliotheken erhältlich. Die Autorin führt auch Besuchergruppen (www.laurasalm.com).
Börte Sagaster, Manfred Heinfeldner (Hg.): Istanbul – Eine literarische Einladung. Wer sich für das heutige Istanbul jenseits aller touristischen Sehenswürdigkeiten interessiert, findet hier Lesetexte kritischer türkischer Autoren.
Sartorius, Joachim: Die Prinzeninseln. Liebenswert, wenn auch etwas betulich beschreibt Sartorius die Inseln.
Strittmatter, Kai: Gebrauchsanweisung für Istanbul. Wer nur ein einziges Buch über Istanbul lesen mag, sollte Strittmatter wählen. Der Korrespondent der Süddeutschen Zeitung schaut liebevoll auf die Stadt, analysiert sachlich und schreibt sehr anschaulich.
Verschiedene Autoren: Istanbul – Eine literarische Einladung. Wer sich für das heutige Istanbul jenseits aller touristischen Sehenswürdigkeiten interessiert, findet hier Lesetexte kritischer türkischer Autoren.

Musikalisches Istanbul

Musik hat schon immer eine wichtige Rolle gespielt im Leben der Stadt. Doch seit in den 1990er-Jahren das moderne Istanbuler Nachtleben erwachte, scheint auch der Sound der Stadt förmlich zu explodieren. In vielen Kaschemmen, Kellern und Abbruchhäusern entstanden Clubs, in denen nicht mehr nur die türkische Laute (Saz) – zu hören war, sondern beispielsweise auch elektronische Klänge. „Oriental Dub aus Istanbul" heißt eine eigene Musikrichtung, die Band Baba Zula ist eine ihrer bekanntesten Vertreter. Dass man sie und einige andere Bands vom Bosporus auch in Deutschland kennt, haben uns auch dem deutsch-türkischen Regisseur Fatih Akın zu verdanken: „Crossing the bridge" heißt Akıns bereits vor rund zehn Jahren, 2005, erschienener Dokumentarfilm über die Musikszene Istanbuls – immer noch ein schöner Einstieg für einen Besuch der Stadt. Eine feste Adresse für Konzerte ist das Babylon in einer Seitenstraße der İstiklal Caddesi. In der Musikkneipe findet auch das Caz-Fest im Herbst statt – „Caz" wie „Jazz". **Tickets** für alle möglichen Events, von klassischen Konzerten bis Jazz, bekommt man (auch auf Englisch) bei: www.biletix.com.

Notrufe

Polizei: Tel. 155
Notruf: Tel. 112
Feuerwehr: Tel. 110
Touristenpolizei: Tel. 0212 5 27 45 03

Öffnungszeiten

Banken: Mo.–Fr. 8.30–12.30, 13.30–17.00 Uhr
Shopping: In der Fußgängerzone İstiklal Caddesi sind die Läden bis spät in die Nacht geöffnet, auch kleine Shops und große Einkaufszentren haben meist bis spätabends offen.

Restaurants

Preiskategorien

€ € €	Drei-Gänge-Menü über 40 €
€ €	Drei-Gänge-Menü 10–40 €
€	Drei-Gänge-Menü bis 10 €

Ausgewählte Restaurants werden auf den Infoseiten der jeweiligen Kapitel vorgestellt. Dabei gelten die oben stehenden Preiskategorien.

Schifffahrten

Istanbuler fahren mit Schiffen so selbstverständlich wie mit Bussen. Ohne die Fähren zwischen europäischem und asiatischem Ufer würde der Verkehr auf den Bosporusbrücken zusammenbrechen. Die Fährschiffe fahren von etwa 7.00 bis 22.00 Uhr. Von Harem nach Eminönü fährt auch eine Autofähre, zwischen Üsküdar und Kabataş verkehren Passagierschiffe. Auch über das Goldene Horn und von Eminönü nach Eyüp kann man mit dem Schiff fahren. Im Internet findet man detaillierte Fahrpläne, aber am einfachsten ist es, man geht an den Anlegestellen (İskele) entlang und sucht direkt nach der passenden Verbindung. Weitere Informationen bei Turkish Maritime Lines (www.tdi.gov.tr), den städtischen Schifffahrtsbetrieben von Istanbul.

Souvenirs

Zahlreiche Souvenirs, etwa die typischen bunten Glaslampen aus den Basaren, werden in Schachteln angeliefert, die den Aufdruck tragen: „Made in P.R.C." – hergestellt in der Volksrepublik China. Ob Waren, die im Großen Basar in den teureren Geschäften angeboten werden, wirklich Antiquitäten sind, ist schwer zu beurteilen. Aber man sollte sich beim Einkaufen so oder so zurückhalten – echte Antiquitäten dürfen nicht ausgeführt werden.

Sprache

Dank Atatürks Schriftreform wurde 1928 die **lateinische Schrift** eingeführt, man kann also zumindest alles entziffern. Aber auch wer kein **Türkisch** spricht, wird erstaunlich gut zurechtkommen, denn in den von Touristen besuchten Stadtteilen sprechen zahlreiche Einheimische **Englisch** – und noch mehr **Deutsch**. Viele im Ausland geborene Türken, deren Eltern oder Großeltern einst aus Anatolien nach Deutschland gingen, sind nach Istanbul zurückgekehrt und sind nun im Tourismus tätig.

Bar und Restaurant in der Turnacıbaşı Caddesi im stets quirlig-quicklebendigen Beyoğlu.

SERVICE

Taxi

Taxis sind gelb, auf dem Autodach steht **Taksi**. Im Sammeltaxi (Dolmuş) wartet der Fahrer, bis genügend Fahrgäste eingestiegen sind, sie sind billiger als die individuellen Taxis und nehmen unterwegs auf Zuruf Mitfahrer auf.

Telefonieren

Vorwahlnummern:
Türkei: +90
Deutschland: +49
Österreich: +43
Schweiz: +41
Mobiltelefone wählen sich automatisch über Roaming in das entsprechende Partnernetz ein. Eine vor Ort gekaufte Prepaid-Karte kann günstiger sein. Handy heißt auf Türkisch cep telefonu („Hosentaschentelefon").

Tipp: Asiatische Eigenheiten

Die Telefonvorwahl auf der asiatischen Seite ist nicht 0212 wie auf der europäischen, sondern 0216. Und die Fahrt über die Bosporusbrücke kostet in Richtung asiatisches Ufer etwa 2 € (5 TL) Gebühr. Das wird zusätzlich zum Taxameter berechnet, ganz legal. Die Gegenrichtung ist übrigens gebührenfrei.

Toiletten

In der Türkei üblich sind Stehtoiletten. Wer in der Stadt unterwegs ist und eine Toilette sucht: In Moscheen (aber beispielsweise auch im Großen Basar) gibt es fast immer saubere WCs. Bayan, kadin: Damen – bay, erkek: Herren.

Zollbestimmungen

Die üblichen Reiseandenken können bedenkenlos ausgeführt werden. Erwerb, Besitz und Ausfuhr von „Kultur- und Naturgütern" werden hart bestraft (Gefängnis bis zu 10 Jahren).

Zeit

In der Türkei gilt die **Osteuropäische Zeit**: OEZ = MEZ + 1 Std.

Info: Wetterdaten

	TAGES-TEMP. MAX.	TAGES-TEMP. MIN.	TAGE MIT NIEDER-SCHLAG	SONNEN-STUNDEN PRO TAG
Januar	8,8°	2,9°	12	2,6
Februar	9,4°	3,2°	10	3,5
März	11,6°	4,3°	9	4,5
April	16,7°	8,0°	7	6,4
Mai	21,5°	12,0°	5	8,7
Juni	26,2°	16,1°	3	10,7
Juli	28,2°	18,5°	3	11,6
August	28,1°	18,5°	3	11,0
September	25,0°	15,5°	4	8,3
Oktober	19,8°	11,8°	7	5,9
November	15,4°	8,5°	9	4,0
Dezember	11,2°	5,4°	12	2,6

Ost trifft West: Istanbuler Alltag im viel frequentierten Viertel zwischen dem Großen Basar und dem Gewürzbasar.

Register

Fette Ziffern verweisen auf Abbildungen

A
Ägyptischer Basar **46**, 54
Ägyptischer Obelisk **35**, 39
Akcakoca 115
Anadolu Hisarı 113, 114
Anadolu Kavağı 57, **108**, **109**, 114, **115**
Arasta-Basar **32**, 39
Archäologisches Museum **30**, **31**, 35, 40
Arnavutköy **105**, **106**, 113
Atatürk-Boulevard 45, 59, 60
Atatürk-Museum **49**
At Meydanı 35
Aynalıkavak-Palast 61

B
Bagdadbahn 101, 102
Balat **48**
Bebek **106**, **113**
Beşiktaş 63, 82, 113, 114
Beşiktaş Istanbul (Fußballclub) 111
Beykoz 114
Beylerbeyi-Palast **114**
Borusan Contemporary 78, 113
Bosporus 22, 23, 25, 27, 29, 35, 37, 39, 40, 41, 43, 47, 57, 59, 60, 65, 67, 73, 78, 82, 85, 87, 89, 93, 96, **101**, **102**, **104–115**, 118, 119
Bosporusbrücke, Erste **85**, **87**, 89, 109, 113, 115
Bosporusbrücke, Zweite 113, 114
Bosporusbrücke, Dritte 89
Brunnen Sultan Ahmets III. 40
Burgazada 92, 103
Büyükada **92/93**, 103
Büyük Çamlıca 102
Büyükdere 114

C
Cağaloğlu-Hamam **41**
Camondo-Treppe 81
Chora-Kirche 43, **48**, 49, 59, 60
Çirağan 107, 113,

D
Deutscher Brunnen **35**,
Divan Yolu **44**
Dolmabahçe-Palast **64**, **65**, 73, 82

E
Eminönü 23, 107, 110, 113, 116, 119
Emirgan **106**, **107**, **113**, **114**
Eroberer-Moschee 60, 61
Eyüp 60, 61, 119
Eyüp-Sultan-Moschee 37, 50, **60**, **61**

F
Fatih 51, 60
Fener **48**, **51**, 61
Florence-Nightingale-Museum 102

G
Galatabrücke 27, 41, **43**, 49, 51, 59, 60, **70/71**, 96, 98, 117, 118
Galataturm 57, **64**, 65, 71, **81**, 97, 99, 116
Gemauerter Obelisk 39
Goldenes Horn 41, 44, 47, 49, 60, 89, 117, 118, 119
Großer Basar **12**, 52, **53**, **54**, 55, 56, 57, **59**, 60, 119, 120,
Gülhane-Park 27, 30, 35, **40**, 41

H
Hagia Eirene 40
Hagia Sophia **19**, 40, 47, 60, 78, **117**
Haliç Congress Center **77**
Harem **16**, **28**, 33, 40
Harem-Viertel 102, 119
Haydarpaşa **86**, **102**
Heybeliada 92
Hippodrom **35**, 39

I/K
Istanbul Modern 71, **76**, **77**, 82
İstiklal Caddesi 8, **66**, 67, **70**, 76, 79, 82, 98, 118, 119
Kadıköy 41, 57, 82, **86**, **88**, **89**, **90**, 96, 101, **102**, 117,
Kanlıca 114
Kanyon 54, **74**, 83
Karacaahmet-Friedhof 91, 102
Karaköy 22, 23, 56, **63**, 71, 76, 116, 117, 118
Kilyos **110**, **111**, **114**, 115
Kınalıada 92
Küçüksu 114
Kumkapi 59

L
Leanderturm siehe Mädchenturm
Levent 55, 74, **82**, 83, 117

M
Mädchenturm **23**, 101, **102**
Marinemuseum 82, 112
Marmarameer 23, 25, 39, 59, 60, 61, 85, 89, 91, 93, 103, 105, **106**, 107, 113, 117
Marmaray 41, 47, 59, 87, 117, 118
Mevlevi-Kloster 81
Mosaik-Museum 39
Museum für Kunst und Kalligrafie 113
Museum für Türkische und Islamische Kunst 39

N/O/P
Neue Moschee 40
Neue Valide-Moschee 101
Nişantaşı **72**, 83, 89, 107
Ortaköy-Moschee 103, 109
Pammakaristos-Klosterkirche 60
Panorama-Museum 61
Pera 63, 65
Pera-Museum 76, 82
Pera Palace 65, 81
Prinzeninseln 85, **92**, 93, **103**, 117, 119

R
Rumeli Hisarı 113, **114**
Rum Mehmet Paşa Camii 101
Rüstem-Pascha-Moschee 27

S
Sadberk-Hanim-Museum 114
Sapphire Tower **74**
Schlangensäule 35, 39
Schwarzes Meer 78, 94, 102, **105**, **106**, 115, 117
Şile **105**, 115
Sirkeci-Bahnhof 41, 87
Şişli 49, 63, 83
Süleymaniye-Moschee **31**, 43, 44, 45, 47, 59
Sultan-Ahmet-Moschee 29, **32**, **33**

T
Taksim-Platz **8**, **66**, **67**, 69, 78, 82, **83**, 103, 116, 117
Tarabya 111, 113, 114
Tarlabaşı 69, 71
The Marmara Pera 23
Theodosianische Landmauer 44, 59, 60, **61**
Theodosianischer Hafen 59
Topkapı-Palast 16, **25**, **26**, **27**, **28**, **29**, 30, 33, 39, 40, 41, 47, 61, 64, 73
Tünel 56, 66, **71**, 81, 116, 117

U/V
Universität 43, 59
Üsküdar 23, 87, 89, 91, 101, 102, 115, 116, 119
Valens-Äquadukt 60

Y/Z
Yerebatan-Zisterne **40**
Yıldız-Park 113
Yörükali Plaji 103
Yücetepe 93, 103
Yusa Tepesi 114
Zeyrek-Moschee 60

Impressum

3. Auflage 2016
© DuMont Reiseverlag, Ostfildern

Verlag: DuMont Reiseverlag, Postfach 3151, 73751 Ostfildern, Tel. 0711 45 02-0, Fax 0711 45 02-135, www.dumontreise.de
Geschäftsführer: Dr. Thomas Brinkmann, Dr. Stephanie Mair-Huydts
Programmleitung: Birgit Borowski
Redaktion: Robert Fischer (www.vrb-muenchen.de)
Text: Barbara Schaefer
Exklusiv-Fotografie: Frank Heuer
Titelbild: laif/Paul Spierenburg
Zusätzliches Bildmaterial: S. 8/9 huber-images.de / Serrano Anna, 16/17 o. huber-images.de / Cozzi Guido, 16/17 u. 22 l. Huber-images.de / Serrano Anna, 22 r. Barbara Schaefer, 23 (3) Barbara Schaefer, 56 l. Barbara Schaefer, 57 l.o. Barbara Schaefer, 57 r.u. Barbara Schaefer, 64 u. Rene Mattes/hemis.fr/laif, 65 u. Anamaria Dinulescu/Invision/laif, 77 Murat Tueremis/laif, 82 l.u., 98 l. Barbara Schaefer, 99 l.o. Barbara Schaefer, 99 r.o. Frank Heuer/laif, 99 r.u. Barbara Schaefer, 101 l.o. Frank Heuer, 101 l.u. Frank Heuer
Grafische Konzeption, Art Direktion, Layout: fpm factor product münchen
Cover Gestaltung: Neue Gestaltung, Berlin
Kartografie: © MAIRDUMONT GmbH & Co. KG, Ostfildern Kartografie Lawall (Karten für „Unsere Favoriten")
DuMont Bildarchiv: Marco-Polo-Straße 1, 73760 Ostfildern, Tel. 0711 45 02-266, Fax 0711 45 02-1006, bildarchiv@mairdumont.com

Anzeigenvermarktung: MAIRDUMONT MEDIA, Tel. 0711 45 02-333, Fax 0711 45 02-1012, media@mairdumont.com, http://media.mairdumont.com
Vertrieb Zeitschriftenhandel: PARTNER Medienservices GmbH, Postfach 810420, 70521 Stuttgart, Tel. 0711 72 52-212, Fax 0711 72 52-320
Vertrieb Abonnements: Leserservice DuMont Bildatlas, Zenit Pressevertrieb GmbH, Postfach 810640, 70523 Stuttgart, Tel. 0711/7252-265, Fax 0711/7252-333, dumontreise@zenit-presse.de
Vertrieb Buchhandel und Einzelhefte: MAIRDUMONT GmbH & Co. KG, Marco-Polo-Straße 1, 73760 Ostfildern, Tel. 0711 45 02-0, Fax 0711 45 02-340
Reproduktionen: PPP Pre Print Partner GmbH & Co. KG, Köln
Druck und buchbinderische Verarbeitung: NEEF + STUMME premium printing GmbH & Co. KG, Wittingen, Printed in Germany

FSC
www.fsc.org
MIX
Papier aus verantwortungsvollen Quellen
FSC® C001857

Lieferbare Ausgaben

Die Kanaren sind vom Klima begünstigt – beste Voraussetzung für herrliche Strandtage.

Hamburgs Herz pocht an Elbe und Alster.

Hamburg

Deutschlands Tor zur Welt
Der Hafen ist das Aushängeschild der Hansestadt, aber Hamburg hat natürlich noch weit mehr zu bieten, wir präsentieren alle Highlights.

Urbane Visionen
Aus alten Hafenvierteln werden trendige Stadtteile. Erleben Sie das „neue" Hamburg.

Shopping hanseatisch
Hamburger Trend-Labels und Traditionshäuser, hier kaufen Sie zwar nicht günstig, aber gut!

Teneriffa
La Palma · La Gomera · El Hierro

Paradiesische Inseln
Sie wissen noch nicht wohin? Wir stellen Ihnen die Westkanaren ausführlich in Bild und Wort vor.

Exklusiv wohnen
Warum sich nicht mal etwas Besonderes gönnen, die besten Adressen auf Teneriffa und den kleinen Kanareninseln.

Wandern mit Aussicht
Unsere Favoriten – die neun erlebnisreichsten Wanderungen auf den Kanaren.

www.dumontreise.de

DEUTSCHLAND
119 Allgäu
092 Altmühltal
105 Bayerischer Wald
120 Berlin
162 Bodensee
121 Brandenburg
175 Chiemgau, Berchtesg. Land
013 Dresden, Sächs. Schweiz
152 Eifel, Aachen
157 Elbe und Weser, Bremen
125 Erzgebirge, Vogtland
168 Franken
020 Frankfurt, Rhein-Main
059 Fränkische Schweiz
112 Freiburg, Basel, Colmar
028 Hamburg
026 Hannover zw. Harz u. Heide
042 Harz
062 Hunsrück, Naheland, Rheinhessen
023 Leipzig, Halle, Magdeburg
131 Lüneburger Heide, Wendland
133 Mecklenburgische Seen
038 Mecklenburg-Vorpommern
033 Mosel
114 München
047 Münsterland
015 Nordseeküste Schleswig-Holstein
006 Oberbayern
161 Odenwald, Heidelberg
035 Osnabrücker Land, Emsland
002 Ostfriesland, Oldenb. Land
164 Ostseeküste Mecklenburg-Vorpommern
154 Ostseeküste Schleswig-Holstein
136 Pfalz
040 Rhein zw. Köln und Mainz
079 Rhön
116 Rügen, Usedom, Hiddensee
137 Ruhrgebiet
149 Saarland
080 Sachsen
081 Sachsen-Anhalt
117 Sauerland, Siegerland
159 Schwarzwald Norden
045 Schwarzwald Süden
018 Spreewald, Lausitz
008 Stuttgart, Schwäbische Alb
141 Sylt, Amrum, Föhr
142 Teutoburger Wald
170 Thüringen
037 Weserbergland
173 Wiesbaden, Rheingau

BENELUX
156 Amsterdam
011 Flandern, Brüssel
070 Niederlande

FRANKREICH
055 Bretagne
021 Côte d'Azur
032 Elsass
009 Frankreich Süden Languedoc-Roussillon
019 Korsika
071 Normandie
001 Paris
115 Provence

GROSSBRITANNIEN/IRLAND
063 Irland
130 London
138 Schottland
030 Südengland

ITALIEN/MALTA/KROATIEN
017 Gardasee, Trentino
110 Golf von Neapel, Kampanien
163 Istrien, Kvarner Bucht
128 Italien, Norden
005 Kroatische Adriaküste
167 Malta
155 Oberitalienische Seen
158 Piemont, Turin
014 Rom
165 Sardinien
003 Sizilien
140 Südtirol
039 Toskana
091 Venedig, Venetien

GRIECHENLAND/ZYPERN/TÜRKEI
034 Istanbul
016 Kreta
176 Türkische Südküste, Antalya
148 Zypern

MITTEL- UND OSTEUROPA
104 Baltikum
122 Bulgarien
094 Danzig, Ostsee, Masuren
169 Krakau, Breslau, Polen Süden
044 Prag
085 St. Petersburg
145 Tschechien
146 Ungarn

ÖSTERREICH/SCHWEIZ
129 Kärnten
004 Salzburger Land
139 Schweiz
144 Tirol
147 Wien

SPANIEN/PORTUGAL
043 Algarve
093 Andalusien
150 Barcelona
108 Costa Brava
025 Gran Canaria, Fuerteventura, Lanzarote
172 Kanarische Inseln
124 Madeira
174 Mallorca
007 Spanien Norden, Jakobsweg
118 Teneriffa, La Palma, La Gomera, El Hierro

SKANDINAVIEN/NORDEUROPA
166 Dänemark
153 Hurtigruten
029 Island
099 Norwegen Norden
072 Norwegen Süden
151 Schweden Süden, Stockholm

LÄNDERÜBERGREIFENDE BÄNDE
123 Donau – Von der Quelle bis zur Mündung
112 Freiburg, Basel, Colmar

AUSSEREUROPÄISCHE ZIELE
010 Ägypten
053 Australien Osten, Sydney
109 Australien Süden, Westen
107 China
024 Dubai, Abu Dhabi, VAE
160 Florida
036 Indien
027 Israel
111 Kalifornien
031 Kanada Osten
064 Kanada Westen
171 Kuba
022 Namibia
068 Neuseeland
041 New York
048 Südafrika
012 Thailand
046 Vietnam